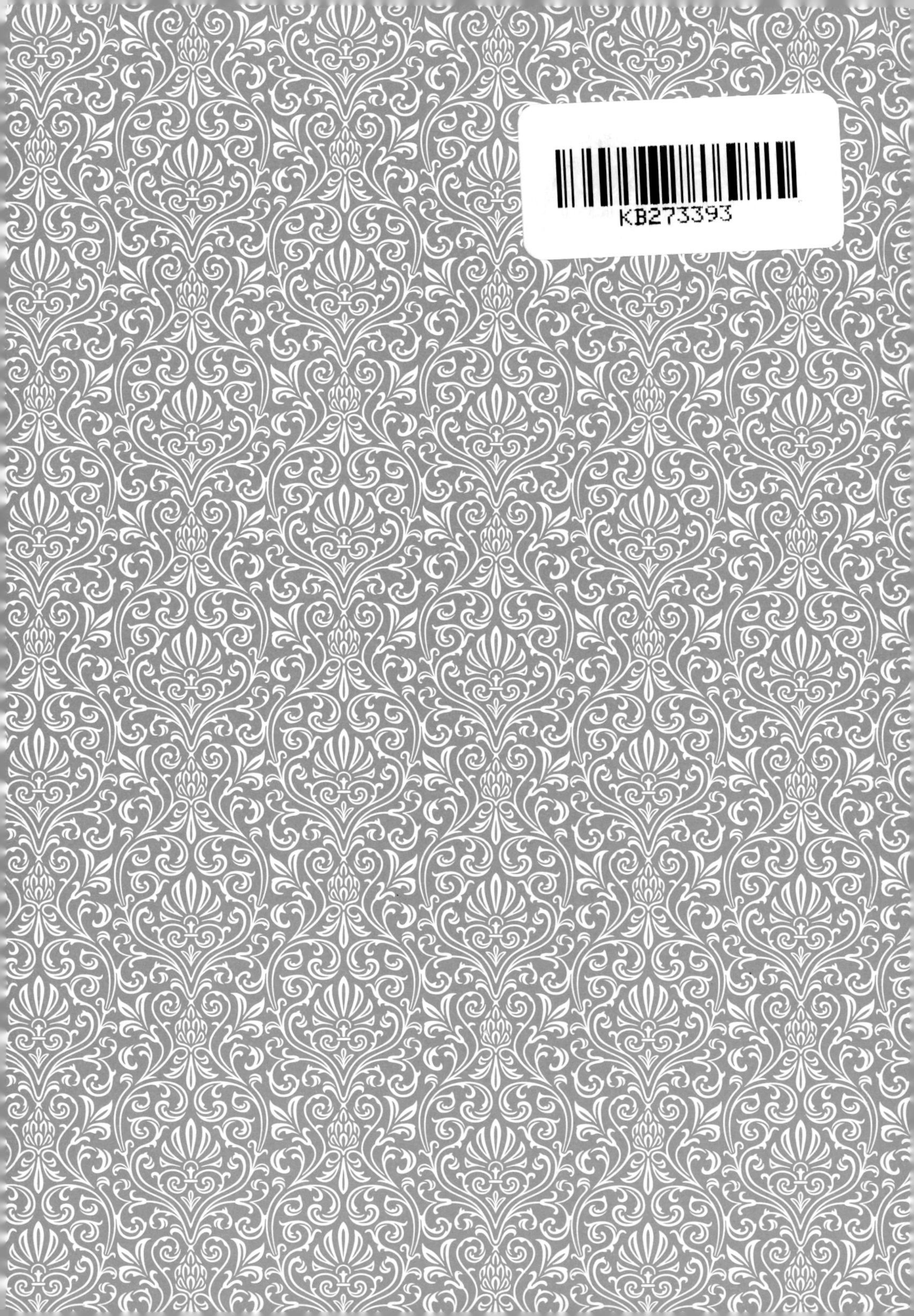

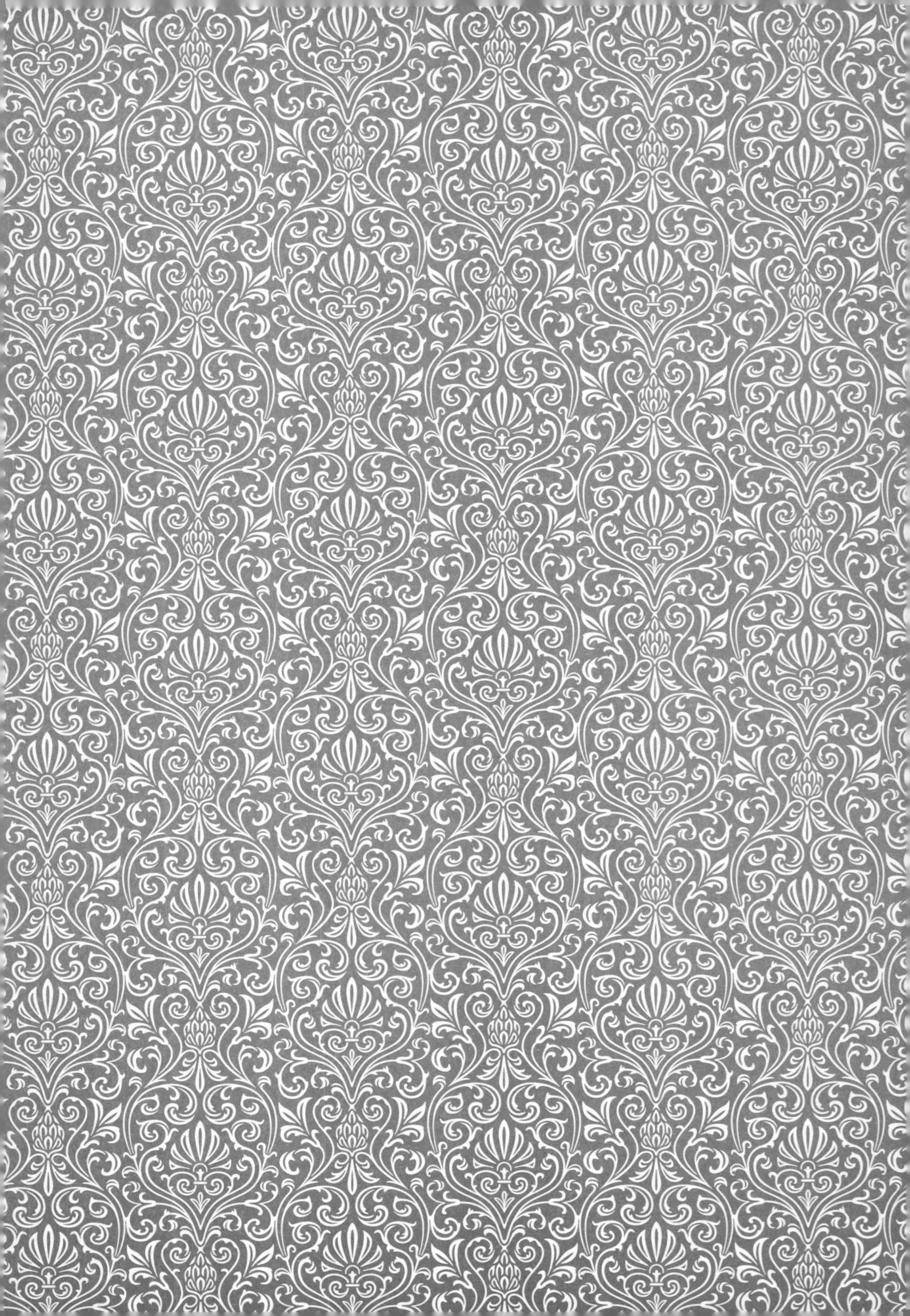

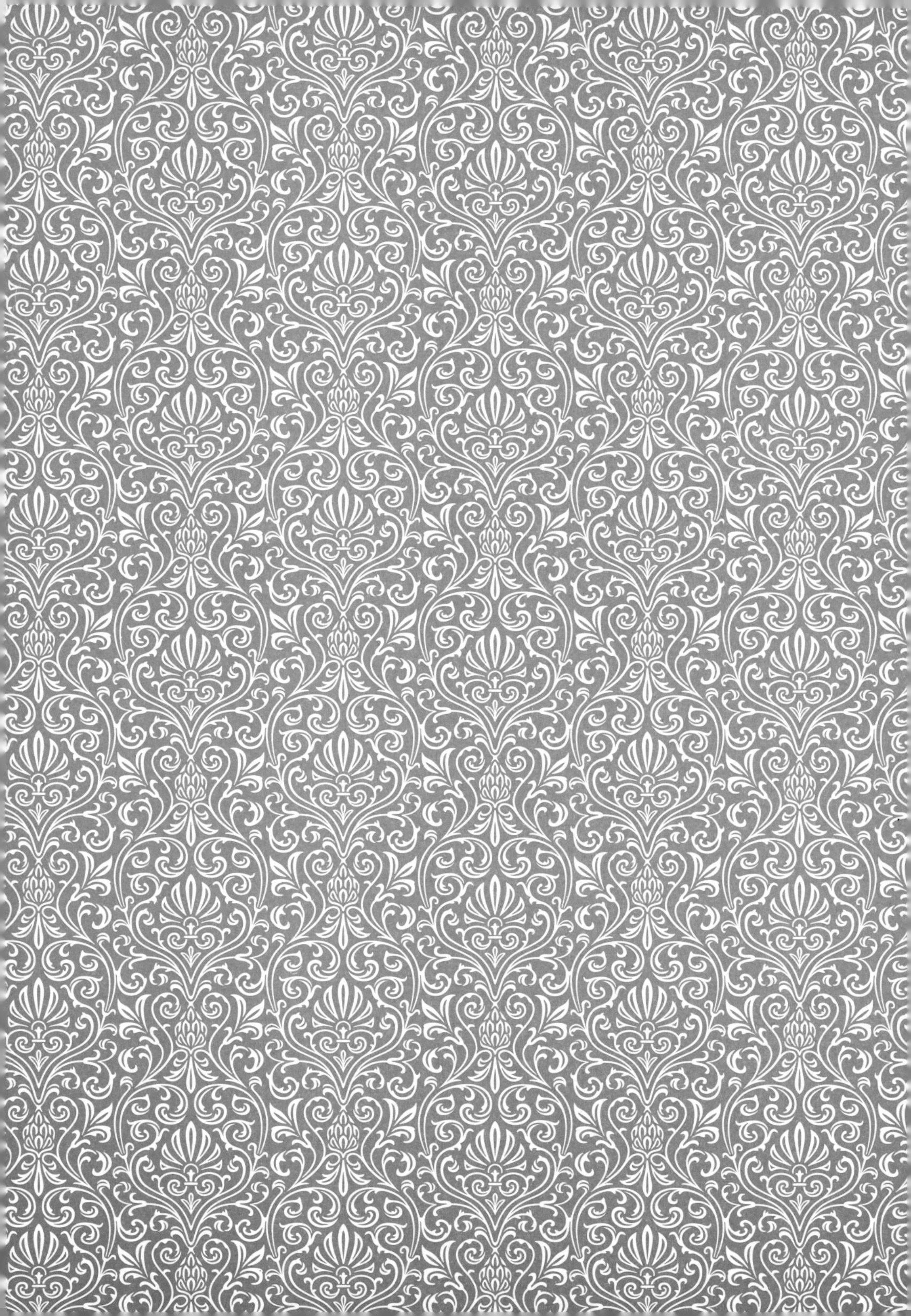

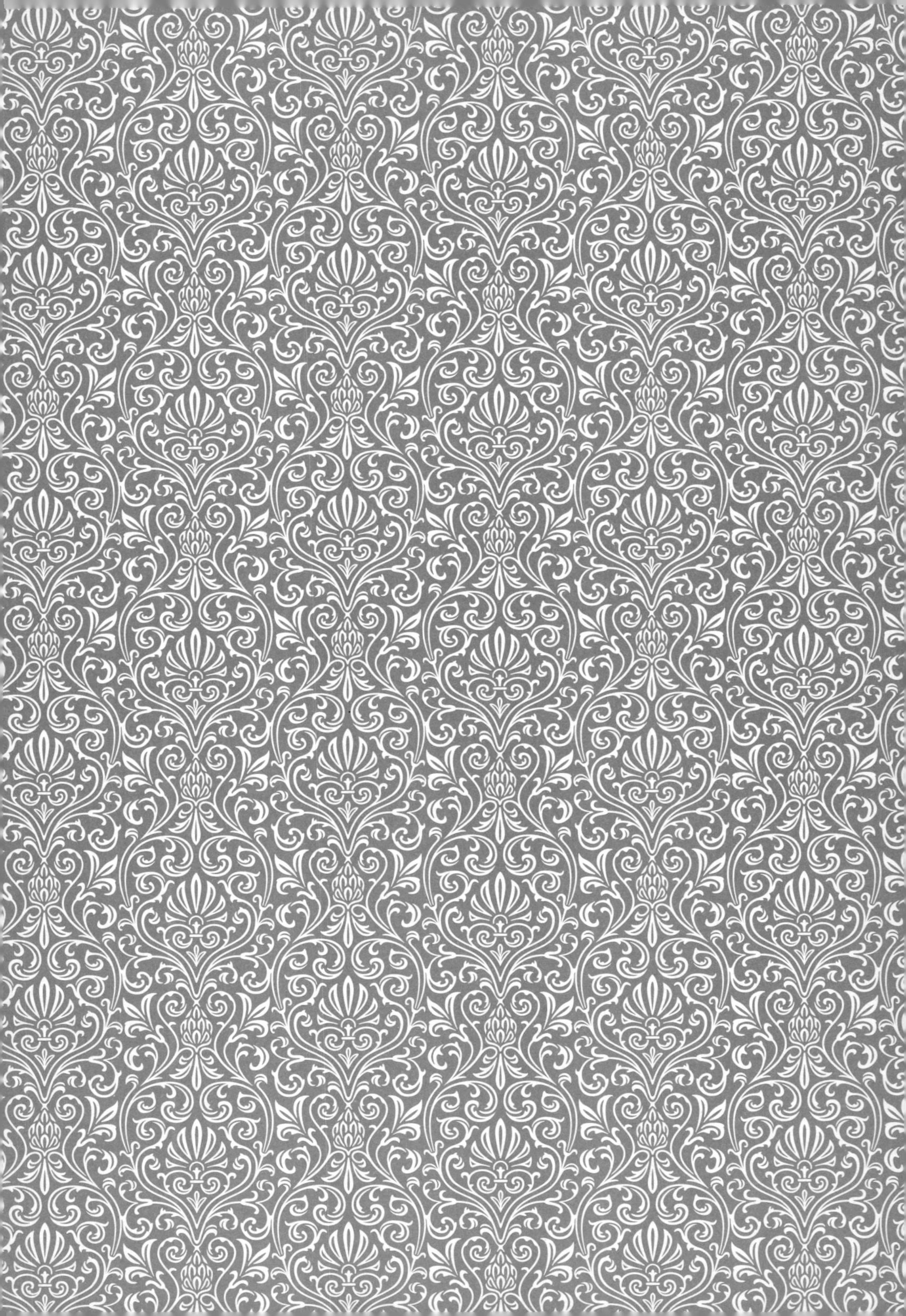

지금의 한계를 극복하려는 당신에게
용기를 드립니다.

님께

드림

66 당신이 살아 숨 쉬는 한 여러분에게는
그 일을 완성할 기회가 주워져 있습니다. **99**

— *Jim Rohn* 비젼멘토 짐론

꿈꾸던 미래와 현실 사이를 이어주는
5단계 감정 에너지 사용서

당신이 마음껏 기적을 빚어낼 수 있도록

자신의 한계 극복하기

소냐 밀러 지음 | 이민정 옮김

프롬북스
frombooks

당신이 마음껏
기적을
빚어낼 수 있도록

어릴 적 나는 두려움으로 가득 찬 사람이었다. 충분히 잘 하지 못할까 두려웠고 실수를 저지르지 않을까 전전긍긍했다. 사람들의 평가도 두려운 데다 그들을 실망시킬까 조마조마해 했다. 간혹 일이 제대로 풀리지 않을 때면 두려움은 최악에 치달았다. 말하자면 걱정을 달고 살았던 것이다.

마음속으로는 끊임없이 걱정하고 지나칠 정도로 주의를 기울이는 편이었지만, 겉으로 보이는 내 모습은 혜택과 기회를 누리며 미소를 잃지 않는 영리한 소녀일 뿐이었다.

나는 좋은 성적을 유지했고 언제나 규범을 준수했다. 비록 끊임없는 두려움과 걱정에 빠지긴 했지만, 인생에서 이뤄야 할 것들을 차곡차곡 쌓아가고 있었다. 온갖 두려움과 다른 사람들의 생각에

연연하는 유년의 심리를 품은채로 말이다. 적성 보다는 객관적으로 무난한 경영학을 택했고, 그 결과 탄탄한 직장을 보장받았다. 데이트 할 나이가 됐을 때는 연애 감정에 휘둘리지 않을 상대만 골라 교제했다. 행여 애착이 깊어지지 않을까 겁내지 않아도 될 만한 상대이거나 거리상 멀리 떨어져 있는 사람, 아니면 나보다 부족한 사람을 선택해 마음을 뺏기지 않을 정도의 상대였다.

폭식 증세를 가지고 있었기에 종종 설사약을 통해 체중조절을 하던 부끄러운 습관도 있었다. 겉으로 나는 아무 문제가 없었지만, 나

의 내면은 극도로 속박당하는 삶을 살고 있었던 것이다. 하루하루를 적극적으로 열심히 살아가는 사람들도 주변에 있었다. 그들은 저마다 삶에 대한 열정을 품고 있었다. 또 자신이 어떤 사람인지, 삶에서 무엇을 추구하는지 잘 알고 있었다. 그들은 진정한 인생을 살아가며 자신의 모습에 만족했다. 스스로에 대해 유머도 잃지 않았고 느긋하면서도 능동적이었다. 그리고 무엇보다 자유로웠다! 반면에 나는 마치 악몽에 갇혀 버둥대는 사람 같았다. 악몽에서 깨어나고 싶었지만 어디서부터 시작해야 하는지 조차 알지 못했다. 그렇게 시간은 흘러갔고 대학을 졸업하고 나서야 나는 내 자신에게 한 가지 진지한 질문을 물을 수 있었다.

내가 정말 하고 싶은 일은 무엇인가?

이 물음에 대한 해답을 당시에는 찾을 수 없었다. 하지만 내가 나 자신에게 질문을 던지기 시작한 중요한 시점이 되었다. 이때부터 기나긴 여정은 시작되었고 온전한 나를 찾는 데만 무려 7년 여의 시간이 필요했다. 이 과정에서 나는 자신에 대한 이해뿐 아니라 여러 단계의 결정적 순간을 경험할 수 있었다.

그렇게 참된 자아를 찾게 되자 드디어 진정한 인생을 살아가는 사람들의 대열에 합류할 수 있었다. 내 안의 열정을 찾아 목표를 설정하고 그 목표들을 하나씩 이루어가면서.

이 책을 읽기로 결심한 많은 사람들 또한 같은 질문을 품고 있을 것이라 생각한다. 이러한 질문에 해답을 찾는 일은 나이와 학벌, 현재 처해 있는 상황 등, 그 어느 것도 중요하지 않다는 것을 나는 경험했다. 지금까지 수천 번 이상 진행된 워크숍에 70이 넘은 나이에서부터 10대에 이르는 연령대의 사람들이 참석해 왔기 때문이다.

이제 나는 바란다. 이 책을 통해 여러분 내면 깊숙이 자리 잡고 있는 소망과 바램이 이뤄질 수 있기를 말이다.

Sonia Miller 소냐 밀러

Prologue · 6

이 책이 담고 있는 것들 · 13

여정의 시작 · 16

시크릿 법칙에 실패한 당신에게 · 18

[제 1단계] 소망 파악하기

나는 원한다 · 24

소망을 찾아내는 5가지 핵심 방법 · 30

'목표' 가 아닌 '비전' 으로 변경하라 · 42

[제 2단계] 이미 이룬 듯 행동하기

걸어갈 것인가? 날아갈 것인가? · 58

상상력을 엔진으로 · 62

감정이 포함되지 않은 소망은 이뤄지지 않는다 · 67

감정의 힘이 강해지는 9가지 방법 · 75

[제 3단계] 나만의 틀에서 벗어나기

실행 vs 태도 · 98

끌어당김 방해자 · 101

함께 갈 수 있지만 대신 갈 수 없는 길 · 104

당신은 어떤 사람입니까? · 109

자아를 보완하는 목표의식을 포착하라 · 119

비밀은 감정의 힘에 있다 · 126

[제 4단계] 저항 멈추기

감정은 있는 그대로 인정할 때 치유된다 · 134

제한적 믿음 체계를 무너뜨리는 핵심 도구 · 142

먼저 놓아주고 더 큰 것을 요구하라 · 152

외형적 형식보다 본질을 따져볼 때 · 161

누구에게나 소멸시켜야 할 자신의 모습이 존재한다 · 167

마법의 정거장 · 170

[제 5단계] 내 삶으로 맞이하기

꿈이 이루어졌을 때 · 176

나를 기다리는 변화 · 178

당신이 원하는 바로 그것을 나누라 · 191

[결론] 오직 단 하나의 근원 — 당신 · 198

Epilogue · 204

참고 문헌 및 추천 자료 · 207

❝ 성공은 좇아서 얻어지는 것이 아니라
당신이 점차 다듬어짐에 따라 자연히 끌려온다. **❞**

— *Jim Rohn* 비젼멘토 짐론

이 책이 담고 있는 것들

2004년, 〈시크릿(The Secret)〉이 소개되면서 영화와 책은 단번에 베스트셀러를 차지했고, '끌어당김의 법칙'은 장소를 가리지 않고 회자되었으며, 고무적이면서도 논란의 중심에 선 이 주제는 방송을 통해 전국을 휩쓸고 있었다.

그러나 한 차례 법석이 사그라지고 분위기가 안정되었지만 어쩐 일인지 많은 사람들은 끌어당김의 법칙을 제대로 활용하지 못한 채 좌절에 빠져 들었다.

"왜 내게는 효과가 없을까?"

"내가 무엇을 잘못하고 있는 걸까?"

"애초에 이건 상술이나 속임수에 불과한 걸까?" 등 사람들이 의심은 각양각색이었다.

이 책은 그처럼 단지 할 일 목록을 적어 놓은 것 같은 방식으로는 결코 이뤄지지 않았던 소망을 짚어보기 위해 쓰인 책이다.

방법을 아는 것만으로는 이룰 수 없는 꿈을 해부하기 위함이다.

한차례의 핫이슈로 지나쳐 버린 에너지의 심오한 부분들을 속속들이 다루고 있는 이 책을 통해 각자의 현실을 재창조할 수 있다는 확신을 주는 책이 될 것이다.

부디 '인생의 모든 것을 바꿔 놓을 수 있는 신비로운 법칙을 다시 한 번 자세히 탐구해 볼 수 있기를 바란다.

많은 사람들이 끌어당김의 법칙에 관심을 가졌던 이유는 개인적 목표와 꿈을 실현시킬 수 있다는 믿음 때문이었다. 그로부터 만족과 '행복'을 얻을 수 있다는 기대 때문이기도 했다.

그러나 에너지의 근원을 이해하고, 보다 높은 차원의 통찰력을 얻게 된다면 이제까지 세웠던 목표와 꿈이 행복의 목적이 아니라, 수단이었다는 사실을 인식할 수 있게 될 것이다.

자기계발서를 읽는 이유는 삶을 개선하기 위함이다. 하지만 책은 뇌에만 영향을 미친다. 삶의 변화와 성공 요인에 필요한 90%는 사실상 머리를 쓰는 행위와 관련이 없다. 대신 정신과 감정이 더 크게 작용한다. 따라서 책을 읽는 행위에서 그친다면 몸속 시냅스(세포로 신호를 전달하는 연결 지점)가 한동안 자극될 수는 있어도 삶에는 아무런 변화가 없다.

이와 달리 지식이 삶에 반영될 수 있는 기회를 허용한다면, 성공을 불러오는 촉진제를 손에 쥔 셈이 된다. 간혹 자신이 지향하는 방향이 모호해질 때도 있겠지만 정답은 없다. 쉽게 이해되지 않는 부분을 붙잡고 끙끙댈 필요도 없다. 나중에 마음가짐을 새로이 하고 또 다른 관점에서 다시 한 번 살펴보면 되기 때문이다. 요지는 포기하지 않고 계속 나아가는 데 있다.

여 정 의 시 작

이제 당신을 바다 위로 떨어진 물방울이라고 가정하자.
당신은 물방울에 지나지 않지만,
바다와 동일한 물질로 이루어져 있다.
당신은 다른 물방울들과 한데 어우러져 바다를 이룬다.
그러나 당신은 자유 의지를 품고 있다.
따라서 원하는 대로 행하고 새로운 경험을 창조하며
형태를 변화시킬 수 있다.

당신은 때로 바다 속에 어우러지지만,
때론 자신의 형태를 바꿔 대기 중으로 증발하여
공기와 구름이 되기도 한다.

땅에 떨어지는 빗방울이나 눈송이가 되어 보기도 하고,
수없이 많은 다른 물방울들과 한데 어울려
한동안 강이 될 때도 있다.
때론 식수가 되어 동식물이나 인체에 머물기도 한다.
그도 아니면 화장수나 혈액, 땀, 소변이 되는 방법도 있다.

하수 처리 시스템의 용수였다가

다시 바다로 돌아가고 싶어질 가능성도 없지 않다.

당신이 물방울로서 어떠한 선택을 내리든,

무엇을 체험하게 되든 상관없이 결코 변하지 않는 사실이 있다.

당신이 바다와 동일한 물질로 이루어져 있다는 점이다.

따라서 당신의 본질은 결코 바뀌지 않는다.

비밀은 여기에 있다.

우리의 본질 즉, 당신은 우주의 무한한 에너지의 일부이다.

또한 당신은 그 무한 에너지와 동일한 물질로 이뤄진

인격체라는 점이다.

그러므로 우리 자신 역시 무한한 에너지를 소유하고 있다.

다만 스스로 내린 선택을 통해 새로운 면모를 체험할 뿐이다.

경험에 좋고 나쁨이란 없으며,

단지 각기 다른 경험이 될 뿐이다.

당신의 현재 모습과 형태가 변하더라도

그 본질은 영원히 지속되고 있다.

시크릿 법칙에 실패한 당신에게

전세계를 강타한 시크릿의 유혹은 대단했다. 개인을 넘어 단체와 조직 그리고 트랜트 전체의 주목 받으며 명실상부 거대한 소용돌이처럼 퍼져 나갔으니 말이다. 그렇다면 시크릿을 실천하고 게을리 하지 않은 많은 사람들은 어떻게 되었을까? 아쉽게도 대다수의 사람들에게 시크릿은 적용되지 않았고 좌절의 구렁텅이에 다시 빠져들어 버렸다. 삶 전반에 걸쳐 있는 성공이란 내가 갖고 싶은 목록이나 기대 그 이상의 무엇이 필요하기 때문이다.

우선 꿈꾸는 삶의 모습을 명확히 하는 데 필요한 기본 원리에 집중해 보자. 우주에 현존하는 모든 존재의 근원은 단 하나이다. 당신은 물방울로서 무한한 근원 에너지의 일부이다. 따라서 당신은 이 근본 에너지의 모든 특성과 자질 전체를 이미 가지고 있다. 이 근본원리를 알고 난 후 어떤 이들은 미미하게나마 자신의 삶을 개선하는데 성공하기도 한다. 그런가 하면 어떤 사람들은 평생 이 원리를 깊이 간직하고 삶에 적용하며 해방과 기쁨, 성장, 풍요, 성공, 그리고 성취를 거듭 경험하기도 한다.

성공에 앞서 무엇보다 중요한 것은 자발적으로 행복해지려는 의사를 가지고 있는가이다. 다시 말해 막연한 동경으로 언젠가 행복이 찾아 올 것이라는 생각이 아니라는 점이다. 지금 내 앞에 벌어지는 어떤 일이든 스스로 조종해 갈 수 있다고 믿는 그 마음이 바로 성공과 직결된 마인드이다. 기본이 되는 이 근본 원리를 전적으로 받아들일 수 없다 하더라도, 비판적 태도를 잠시 접어두고 마음을 연다면 앞으로 충분히 경험 할 수 있다. 이제 이렇게 주문을 외워보자.

"나는 내 삶에 주어진 최선을 발견할 것이며
그로부터 반드시 나의 삶을 변화시키고 말 것이다."

'감정' 이 곧 '에너지' 이다.

모든 감정에는 끌어당기는 성질이 있다. 감정을 담아 생각에 빠질수록 그 생각의 끌어당기는 성질과 에너지는 더욱 강해진다. 어떤 형태로든 당신은 그 결과를 받아야 한다.

자신을 살아서 숨 쉬는 자석이나 송수신국이라고 가정해 보자. 이 주파수를 통해 당신은 생각과 감정을 끊임없이 내보내고 있다. 가령, 당신이 부에 대해 끊임없이 생각하고 꿈꾸고 이야기하더라도 '나는 한 번도 충분한 만큼 돈을 번 적이 없어. 그런 내가 경제적 여유를 꿈꾼다고 정말 이뤄질 수 있는 걸까?' 라는 잠재적 뉘앙스를 감정의 주파수를 통해 계속 내보내고 있는 한 그것은 분명 실제 상황이 되고 마는 것이다.

바로 여기까지가 시크릿에서 제안한 비밀의 법칙이다.

그러나 이제 당신은 여기에 한 가지 더 중요한 핵심을 더해야 한다. '나는 풍족한 삶을 원해 혹은 더 많은 돈을 원해.' 라는 소망을 내보낼 때마다 소유함과 풍요, 부유와 연관된 느낌 즉, 감정을 가지고 내 보내야 한다는 점이다. 단지 머리와 생각 말과 글로만 소망을 이야기 하는 것이 아니다. 가장 중요한 핵심은 내가 얼마나 그 모든 것들에 깊이 연결된 감정을 품고 있는가의 여부이다.

이것이 끌어당김 법칙을 실패한 당신이 지금 실천해야할 가장 중요한 핵심이다.

세계적인 부동산 거물 도널드 트럼프가 "나는 돈을 원해!"라고 외쳤다면 천만 달러 정도는 순식간에 그가 앉은 책상 앞에 산더미처럼 쌓일 것이라는 말이 있다. 물론 어느 정도 농담을 섞은 이야기지만, 전달하고자 하는 요지는 이것이다. 즉 자성을 띠는 것은 말이 아니라 잠재의식이라는 점이다. 그가 이전부터 마음 속 깊이 간직하고 있던 부유에 대한 의식 – '나는 부자다.' 라는 생각과 느낌이 바로 그를 부자가 되게 하는 상황으로 이끈 힘이다. 그에게 주어질 천만 달러도 사실상 그의 의식에 의해 끌려온 것이다. 반면 가난한 사람이 품고 있는 가난에 대한 의식—우리는 한 번도 풍요로웠던 적이 없고 빈털터리일 뿐이라는 생각과 느낌은 돈이 없고 빈털터리가 되는 상황으로 계속 그를 끌고 가 버리고 만다.

이러한 에너지 법칙은 매일같이 현실을 만들어 간다. 의식적으로든 아니든 생각과 감정의 방향을 정하는 순간 끌어당김의 법칙은 가동된다.

1
STEP

소망 파악하기

나는 원한다

자신이 바라는 삶을 사는 사람과 그렇지 못한 사람을 구분 짓는 단어는 '나는 원한다.' 이다.

내면의 소망을 가동시키는 일은 성공 공식에서 최우선이자 가장 중요한 단계다. 성공을 위한 이 마법의 메커니즘을 하나의 장치라고 가정해 보자. 이 경우 소망 메커니즘을 점화 장치로, 끌어당김의 법칙을 엔진으로, 생각과 감정을 연료로 간주하면 되겠다. 소망 메커니즘을 작용시키는 첫 번째 단계는 자신이 바라는 바를 '아는' 것이다. 두 번째 단계는 바라는 바를 소망할 수 있도록 '스스로 허용하는' 일이다. 마지막 세 번째 단계는 바라는 바에 '집중하는' 것이다. 그러나 안타깝게도 지금까지 소망을 파악하는 과정에는 언제나 최대 장애물이 존재했다.

"이 정도까지는 내가 원해도 될 것 같아." " 여기까지는 가능하지 않을까?" 라는 한계를 정해 놓아 버리는 것이다.

이것은 허용에 대한 제한적 두려움일 뿐이다. 이제 두려움이라는 나쁜 버릇이 어떻게 표현되는지 살펴보도록 하자.

두려움이라는 장애물

자신이 무엇을 바라고 있는지 검토하기 시작한 당신에게 두려움이 찾아드는 순간이 있다. 이것은, 의심을 품게 하고, 부모님이나 선생님, 친구, 사회, 등을 통해 전달된 제한적 메시지의 성격을 띤다. "맞아. 하지만, 그렇긴 하지만, 그렇지만, 이제는 너무 늦지 않았을까, 과연 내가 할 수 있을까" 등의 생각들이다.

이러한 내면의 두려움은 우리를 교란시키는 연막에 지나지 않는다. 우리는 모두 무언가를 바란다. 소망은 신이 우리에게 부여한 가장 자연스러운 특징이다. 만일 바라는 바를 수용하고 그것이 표현될 수 있도록 허용하지 않는다면 당신은 죽은 것이나 마찬가지다. 실제로 자신의 소망을 억누르고 억압하며 제지하거나 꾹꾹 눌러 참는 사람이라면 살아있음을 느끼지 못할 수도 있다. 현재의 당신이 이러한 마인드를 가지고 있다면 우선 자신에게 너그러워지기 바란다.

이러한 현상은 부모님이나 학교, '친구', 타인이나 대중매체 등을 통해 전달된 단순 메시지의 결과물일 수 있다. 가보지도 않은 길을 제한하는 일종의 보이지 않은 선이었을지도 모른다. 분명 꿈을 무너뜨리고 낙담케 하는 비관론자들은 곳곳에 산재해 있다. 하지만 지원과 격려, 그리고 사기를 높여주고 용기를 주는 친구들과, 롤모델과 스승들도 얼마든지 찾을 수 있다. 이 모든 것은 내가 바라는 것을 소망할 수 있도록 스스로 허용하느냐 아니냐에 달려 있을 뿐이다.

"한계를 옹호해 보라.
그러면 그 한계는 분명 당신 차지가 될 것이다."
- 리처드 바크 -

일단 두려움이라는 제한적 한계에 빠져있는 사람들은 자신의 부족한 부분에 필요 이상의 불평과 비판을 쏟아내는 경향을 보인다. 그들은 긍정의 기운이 가득 찬 사람의 이야기를 조롱하거나 아예 신뢰하지 않으려 든다. 극도의 낙천주의자라거나 지나치게 행복에 겨워 사는 사람이라고 치부해 버리기도 한다. 쉽게 화를 내고 그로부터 야기된 부정적 기분 탓에 모든 면이 불만족스럽다.

사실, 부정적 생각에 집중하는 나쁜 버릇은 유혹적이면서도 강력하다. 부정적으로 생각하는 편이 익숙할 뿐 아니라 비슷한 유형의 지원 세력도 끊이지 않기 때문이다. 부정적 분위기를 조장하는 사람들은 주변에 얼마든지 널려 있다. 그러나 기억하기 바란다.

집중하면 할수록 점점 더 많이 얻게 된다는 사실을 말이다. 삶을 지배하는 에너지는 부정과 긍정 그 어느 것에도 적용되기 때문이다. 이제 자신의 생각을 개선하고 바라는 것에 주의를 돌린다면, 어느 새 원했던 것을 더 많이 목격하고 체험하게 될 것이다. 가령, 맘에 드는 신형 자동차가 생기면 이제 여기저기에서 그 차를 발견하게 되는 현상과 같다.

보통 30일~40일 정도만 집중해도 이러한 습관은 고칠 수 있다.

싫은 것, 걱정되는 것, 원하지 않는 그 어떤 상황에 더 이상 정신을 집중해서는 안 된다. 반대로 좋아하는 것, 원하는 것 , 바라는 상태에 정신을 집중하도록 노력하는 것이다.

이러한 시간은 자신의 실제 소망을 마음에 담게 되는 충족함의 경험이 되기도 한다. 감정이 마음껏 소망하도록 스스로 허용하라. 바라지 않는 것이 아닌 내가 기꺼이 바라고 있는 것으로 가득 찬 마음을 허락하라.

‘ 소 망 ’ 이 라 는 특 권

세상의 모든 것은 상대성을 띤다.
‘허용의 기술(The Art of Allowing)’ 을 전파하는
아브라함 힉스는 이러한 원리를
‘대립 요소 속의 삶(Living in Contrast)’ 이라고 부른다.

세상에는 수없이 많은 아픔과 고통이 존재한다.
좋아하는 것과 싫어하는 것 사이에서 무언가를 선택할 수 있는
특권도 생겨난다.

만일 이러한 현상이나 상대적인 무언가가 없다면
각 개인의 ‘소망’ 은 발생의 여지가 없다.
무엇을 바래야하는지 그 대상의 기준이 없으므로
바람의 여지가 없는 셈이다.

아무런 바람이 없는 삶이란, 목표도 의욕도 없는 삶이다.
싸우고 싶은 바람이 없으니 마음을 움직이거나
진정 살아있음을 느끼게 해줄 기쁨을 만끽할 기회도 없을 것이다.

이러한 상대성과 대립적 요소 덕분에
우리는 더 좋아하는 대상을 선택할 수 있다.

또한 특정한 그 무언가를 바란다.
이렇게 무언가를 바라는 순간,
우리의 창조적 힘과 실현 과정이 가동된다.

소망은 바라는 바를 창조해 가는 첫 번째 단계다.
대담하게 소망하고 자신의 영혼이 빛을 발할 수 있도록
도전해야 한다.

자신을 완전히 표현해 내지 못하면서
바라는 바를 성취할 길은 없기 때문이다.

때론 예외적 상황도 존재한다.
하지만 내면이 채워지지 않고 얻어진 것은
오래가지 못할 뿐 아니라 행복을 선사하지도 못한다.

복권에 당첨되고도 단시간 내에 모든 것을 잃고
불행의 늪에 빠진 이들과 같은 이치일 것이다.

소망을 파악하는 5가지
핵심 방법

"가난하든, 부유하든, 젊든, 늙었든, 교육을 받았든,

그렇지 못하든, 당신 자신은

이 세상에 나온 이래 당신이 접한

모든 사람과 사건의 결과물이다.

최선을 다하라.

꿈이 너무 크거나 많다는 것은 말이 되지 않는다."

- 짐론 -

앞으로 소개될 다섯 가지 방법은 소망을 파악하고 그것을 삶 속으로 끌어오는 방법에 관한 것들이다. 자신만의 방식으로 여러 가지 기술을 섞어 조합할 수도 있고, 자신에게 잘 맞는 한 가지만을 골라 활용해도 좋다.

첫째, 싫어하는 상황이나 사람에 반응하는 내가 느껴지면 주의를 돌려 좋아하는 대상을 계속 떠올린다.

둘째, 나를 기분 좋게 하는 것에 집중한다.

셋째, 구체적인 계획이 없다 할지라도 온갖 희망 사항이 적혀 있는 메모를 걸어두고 언제나 읽는다.

넷째, 지금 내가 생각한 비전을 친구들에게 이메일로 보낸다.

다섯째, 이따금 내가 바라던 물건이나 삶을 소유한 사람들을 볼 때, 내 소망을 파악하기 위한 하나의 기회로 받아들인다.

[첫 번째] 충돌 요소 감지

충돌 요소는 자신이 바라는 것과 현실 사이를 감지한다. 아이러니 하게도 우리는 우리가 원치 않는 것에 과민하게 반응하며 집중력과 감정 에너지를 쏟아낸다. 결국 그것은 자성에 끌려 온 듯 점점 내 삶 속으로 들어와 있다. 사람은 무의식적인 반응조차 의식적으로 조절할 수 있는 힘이 있다. 다시 말해 자신이 바라지 않는 어떤 생각이든 즉각적으로 멈출 힘이 있다는 뜻이다.

> "그렇지! 난 이걸 원하지 않아. 내가 원하는 것은 뭐지?"

원하지 않는 결과를 떠올리게 되었다면, 위의 문장을 즉각 활용해 생각에 브레이크를 걸 수 있다.

이것은 매우 정교한 효과를 지닌 반면 실행은 간단하다. 그저 정신을 차리고 지금 내가 생각하고 있는 그 결과가 내게로 올 준비를 하고 있다는 것을 상기하면 된다.

이러한 생각의 전환은 완전한 습득이 가능하다. 이 작은 실천만으로도 삶의 방향이 통째로 바뀌기도 한다.

[두 번째] 탐색

탐색법을 활용하면 재미있고 효과적으로 소망을 파악할 수 있다. 그저 좋아하는 것과 원하지 않는 것을 적어 나가면 된다.

매일 아침 눈을 뜨면 삶에서 선호하는 것과 소망하는 것이 구체적으로 무엇인지 찾겠다고 목표를 세워라. 주변 사람들을 관찰하고 긍정적인 요소를 찾아내라.

"저 둘은 서로가 필요로 하는 것을 잘 아는 것 같아서 좋아."
"저들이 서로를 배려하면서 타협할 수 있다는 점이 맘에 들어."
"저 커플은 항상 즐거워 보여서 너무 좋아."
"저 두 사람은 공통점이 아주 많군. 각자 다른 사람들이지만 서로
 를 완벽하게 보완해 주고 있어."

자신이 좋아하는 부분을 파악하면서 마음속으로 그 항목들을 나열해 보거나 직접 써놓아 보자.

놀라운 사실은 이러한 선호 정보를 모으는 동안 자신도 모르게 모든 항목이 조합된 인격체로 변화되는 자신을 발견하게 된다는 점이다.

만약, 경제적 문제로부터 자유로워지고 싶다면 목표에 맞는 구체적 정보를 수집해 나가라.

"그는 돈 걱정을 하지 않는 것 같아서 보기 좋아."

"그녀는 항상 관대해."

"그가 밑바닥부터 차곡차곡 모아서 부자가 된 점이 참 좋아."

"그녀가 자신이 좋아하는 일을 하면서 돈을 모았다는 점이 맘에
들어."

"우선 그가 꽤 부자라는 점이 좋아."

"게다가 사람들이 부당하게 그를 평가해도 항상 솔직하고 착실한
면이 자랑스러워."

"그녀는 부자라는 사실을 편안하게 받아들이는 것 같아서 보기 좋
아."

"그 사람이 지난날의 실패를 극복하고 성공했다는 점이 너무 좋
아."

건강 되찾기, 아름다운 신체로 변화시키는 것이 당신의 꿈이라면
주변을 탐색해 자신의 모델을 찾을 수도 있다.

"그녀는 비현실적인 기준을 좇기보다 자신의 건강을 더 잘 돌본다
는 점이 참 맘에 들어."

"그는 실천 가능한 선에서 꾸준히 운동하면서 운동을 생활의 일부

로 받아들이는 점이 좋아.”

“그녀는 체중 감량을 위해 노력하는 와중에도 변함없이 자신을 사
랑하는 것 같아서 보기 좋아.”

“지루한 체육관에 가는 대신 스포츠를 즐기며 운동을 생활화하는
그의 모습이 정말 좋아.”

“그녀는 그때그때 유행하는 다이어트 방식에 얽매이지 않고 정신
과 감정을 훈련하면서 생활 습관을 적절히 변화시켰다는 점이 맘
에 들어.”

“자신을 전혀 돌보지 않고 남들만 신경 쓰는 게 아니라 자신을 우
선으로 여기고 소중히 대할 줄 아는 그녀의 자세가 너무 좋아.”

인생의 어느 순간에 서 있던, 이 기술은 쉽게 실천할 수 있다. 그
리고 어떠한 꿈을 품고 있는가도 상관없다. 이 기술을 활용하면 점점
더 명확히 그 모든 것은 내 것이 될 뿐이다. 그뿐만이 아니다. 열정을
품고 바라는 대상으로 주의를 기울이기만 해도 기대 이상의 더 많은
것들을 끌어 온다.

당신은 모든 것을 이룰 수 있다.

무한한 우주의 근원은 단 하나이며, 그와 동일한 힘
이 당신 안에서 살아 숨 쉬고 있기 때문이다.

[세 번째] 브레인스토밍(Brainstorming)

이제 공책과 연필, 또는 컴퓨터를 준비한 다음 조용하고 방해받지 않는 시간과 공간을 택해야 한다. 시작 단계에서 처음 해야 할 일은 생각 내보내기이다.

생각 내보내기란 의식의 자유로운 흐름에 따르면서 떠오르는 것을 글로 적는 것이다.

그저 바라는 것을 적어나가기만 하면 된다. 철자나 문법에 신경 쓰지 않아도 되고, 특별히 제출해야 할 일도 없으니 걱정할 필요 없다.

당신이 바라는 모든 것을 파악하고 목록을 작성하는 것이 주된 목표이므로 그저 생각이 자유롭게 흘러나올 수 있도록 두면 된다. 너무 깊이 생각하지 않도록 한다.

생각이 흘러나오게 두어라.

이렇게 최초의 기록이 끝나고 나면 아마도 몇 번이고 공책을 다시 들춰보며 항목을 추가하고 이미 적어둔 것을 수정하려 들 것이다.

일단 생각의 수문이 열린 상태이므로 내재되어 있던 꿈들이 계속 밖으로 나오고 있기 때문이다.

먼저 당신의 인생을 항목별로 구분지어 보자.

신체적 건강과 행복

사랑

가족 관계

우정

일/ 직업/ 생계

재정

주택

개인적 성장, 목표와 성공

학업/ 기술 개발

종교 생활

항목을 정하고 나면 아래에 이어지는 짤막한 글을 읽어 보자.
그 다음 큰 소리로 읽어 내려간다. 이렇게 몇 번 반복해보자.

우주의 무한 에너지의 근원은 단 하나이다. 나는 그
일부이며 그것과 하나다.
나 역시 이 근원 에너지로 빚어졌고, 그 에너지와 동

일한 성질을 지닌다.

　이제 내가 해야 할 일은 서슴없이 소망하도록 스스로 허용하는 것뿐이다. 소망함에 있어 한계란 없다. 단지 내 마음이 바라는 바를 파악하면 된다.

　이 구절을 읽는 동안 두려움과 의심, 한계를 정하는 마음 따위는 떨쳐 버리겠다는 각오로 임해보자. 무한한 잠재력의 가능성과 기꺼이 만나고자 하는 마음이 들면 각 항목별로 당신의 삶에서 바라는 것들을 적어 보자. 부담 없이 쉽게 써 내려가라. 생각이 자연스럽게 흘러나오도록 하라. 너무 깊이 생각하지 않는 것이 좋다. 생각이 떠오르지 않거나 시간이 너무 지체된다면 다음 항목으로 넘어가 보자. 모든 항목을 거치기 전까지 이전 부분을 다시 읽는 일이 없도록 한다.

　브레인스토밍 기술을 활용하면 과거에 자신에게 허용할 수 없던 대담한 꿈을 꾸게 된다.

[네 번째] 콜라주 기법

만일 당신이 말하거나 쓰는 행위에 익숙하지 않다면 콜라주 기법과 잘 맞을 것이다.

콜라주 기법은 시각적인 느낌에 충실한 방식이다. 편하게 잘라낼 수 있는 잡지 여러 권과 이것저것 붙일 수 있는 보드, 접착제, 가위 등이 필요하다. 이제 꿈이 담긴 콜라주를 제작해볼 것이다. 잡지를 들춰가며 자신에게 와 닿는 이미지와 영향력 있는 단어 혹은 구절을 잘라낸다. 왜 그것을 골라냈는지 그 이유는 몰라도 상관없다. 또 의미를 부여할 필요도 없다.

잘라낸 이미지가 충분히 모이면 보드에 이미지를 붙여 넣고 이제 들여다보자. 그리고 자신 안에 내재되어 있던 소망을 눈으로 확인해보자. 생각을 하거나 글로 적는 것과는 다른 보다 적극적인 사고로 꿈이 정리된 파노라마를 즐겨보는 것이다.

[다섯 번째] 부정적 요소 제거하기

이 단계는 생각의 어투 설정이다. '그래, 하지만' ' 어차피' '그것 만이라도' 라는 생각의 어투는 제한적 소망을 가지고 있다는 증거가 된다. 소망하고는 있지만 그 꿈은 이뤄지기 힘들 것이고 과정에 오랜 시간이 소모될 것이기에 비용 또한 클 것이라고 생각하게 만든다. 어쨌거나 목표에 당도하기는 어려울 것이라는 의견에 마음이 기울이는 것이다.

다시 말해,

 '난 자격이 없어……

그건 다른 사람 몫이지 내 것이 아냐……

어차피 모두가 가질 수는 없잖아……

어떻게든 내 힘으로 얻어야 해……

공짜로 얻어지는 건 없는 법이니까……

아직 내 차례가 아냐……'

이러한 이유 때문에 원하는 삶을 살지 못하는 것이 아니라 자신이 바라는 그것을 가져도 괜찮다고 허용하지 않았기 때문이다.

부디, 무한한 가능성을 향해 기꺼이 마음을 열어 두기 바란다.

다음의 4가지 주제는 오래도록 방치해 둔 기계의 플러그를 꽂는 것으로 이해해도 좋다.

다만 그 기계가 '나' 자신이 되는 것 뿐일 것이다. 1, 2, 3, 4의 각 주제를 진지하게 채워보기 바란다.

특히 4번은 자신이 누구인가에 관한 명확하고 구체적인 답을 이끌어 내도록 도와줄 것이다.

4가지 주제에 대한 답을 모든 적었다면 이제 자신의 비젼에 대한 충분한 정보를 내면과 두 손에 한가득 쥔 것이나 다름없을 것이다.

1. 앞으로 이루고자 하는 나의 모습

____

____

2. 그것을 원하는 이유

____

____

____

3. 그것이 가져다주는 느낌

____

____

____

4. 그것을 통해 얻게 되는 것

____

____

____

'목표'가 아닌
'비전'으로 변경하라

성취하고 싶은 목표를 능숙히 설정하는 사람이라면 지금쯤 이렇게 반문할지도 모른다. "내가 왜 이렇게까지 하면서 원하는 걸 알아내야 하지? 난 이미 내가 바라는 바를 알고 있고, 목표도 이미 있다고."

하지만 냉정하게 살펴보자. 자칫 '해야 할 일' 목록을 작성해 놓은 것은 아닌지 말이다.

비전은 외적인 차원 뿐 아니라 내적으로도 효력을 발휘한다. 비전을 통해 내면에서부터 추진력을 얻어 소망에 집중할 수 있기 때문이다. 이것은 단순히 '할일이나 소망 목록' 혹은 '버킷리스트' 등과 확연히 다르다. 겉으로만 동기부여가 된 경우라면 대개 갈피를 잡지 못한 채 부추김이나 유혹, 충동이 이끄는 대로 이리저리 헤맨다. 단지 주변의 환경적 요소에 '반응'하고 있을 뿐이다. 이렇게 외적 조건에 휘둘리게 될 경우 내가 과연 옳은 경로로 가고 있는지 좀처럼 알 수 없을 뿐 아니라 순식간에 길을 잃고 헤매기 십상이다. 반면 내면에서부터 추진력이 가동되었다면 인생의 내비게이션으로서 옳은 경로로 계속 전진할 수 있도록 도울 것이다.

가능한 한 조용한 시간을 따로 마련해 꿈꾸는 것을 명확히 파악하는 데 전념했으면 한다.

각 단계마다 30분~1시간만 투자해도 만족스러운 결과를 기대할 수 있다. 또는 일주일 정도 한 장소에 머물면서 이 과정에 완전히 몰입하는 것도 괜찮다. 어느 쪽이든 자신에게 맞는 방식을 택하면 된다. 가장 중요한 부분은 아무도 방해하지 않는 조용한 시간을 확보하는 것이다. 이 과정엔 정석이 없다. 자신을 믿고 열정과 배짱도 믿는 것 뿐. 감정이 반응함에 따라 영혼의 참모습에 대한 알짜배기 정보도 계속 드러날 것이다. 비전을 파악하는 과정은 논리나 이성보다 깊은 지혜와 또 다른 차원의 지성에 눈을 떠가는 여정이다. **기억해 두기 바란다. 비전을 창조할 때는 꿈이 어떻게 이루어질 것인가를 생각하지 않아도 된다. 그저 내가 무엇을 원**

하는지 오직 그것만 생각하라. 그것에만 집중하라.

당신은 다채로운 소망을 구체적으로 파악해 내면 된다.

꿈을 가로막는 생각의 장애물

그런 것은 영화에서나 가능한 일이야……

내겐 잘못된 관계만 꼬이나 봐……

나에게 그렇게 좋은 일이 일어날 리 없잖아……

생각해야 할 것들이 너무 많아……

나는 이미 한물 갔어……

나는 그다지 예쁘지 않아……

이젠 너무 늙었어…………

다시 공부를 시작해야 하는데 그러려면 돈이 너무 많이 들잖아. 시간도 오래 걸리고……

다른 직장을 찾겠다고 전전할 순 없어. 식구들도 먹여 살려야 하는데……

완전히 다른 분야에 도전해 보고 싶지만 뭐부터 시작해야 할지 전혀 모르겠어.

하지만…… 난 의지가 너무 약해…… 하고 체념할 수 있다.

이제 머리나 생각이 아닌

무한한 가능성에 초점이 맞춰진

소망을 펼쳐놓아 보라!

당신이 채워야 할 28가지 목록

| 1단계 | 어떤 모습이 되기를 꿈꾸는가?

꿈꾸는 자신의 모습에 관해서만 적어 보라.

1.

2.

3.

4.

5.

6.

7.

| 2단계 | 꿈꾸던 삶은 어떤 느낌일까?

꿈꾸던 삶의 모습과 그러한 삶을 이루는 중심 요소, 그 느낌에 대해 적어 보라.

1.

2.

3.

4.

5.

6.

7.

꿈꿔왔던 삶을 누리고 있다고 상상해 보자. 그 삶을 통해 얻게 될 것부터 그려보자. 꿈꾸던 삶이 내 주변의 소중한 이들에게 가져다 줄 결과도 함께 그려 본다.

1.

2.

3.

4.

5.

6.

7.

이 단계를 꿈의 이유라고 부른다. 자신이 존재하는 진정한 목적이 무엇으로 부터인가를 적어 본다.

1.

2.

3.

4.

5.

6.

7.

꿈을 꾸는 것으로 인생의 의미가 더해지지 않는다면 왜 굳이 꿈을 좇겠는가? 꿈과 의미 있는 삶의 관계를 파악하지 못하겠다면, 도대체 왜 이 과정에 힘을 쏟아 붓고 있는지 되돌아보아야 한다.

일단 인생의 목표 문장을 설정해 두면, 꿈이나 목표를 실현시켜 가는데 필요한 강력한 도구를 구비해 둔 셈이다.

"내 인생의 목표는 ＿＿＿＿＿＿ 하는 거야."

이 빈 칸에 무엇을 채워 넣고 싶은가? 앞서 그려 보았던 자신의 모습과 그에 맞는 동사, 인생의 목표 문장을 떠올려 보자. 그런 다음 이제까지 알아낸 사실들을 조합하고, 꿈을 통해 어떤 체험을 하고 표현할 수 있는지 깊이 생각해 보자.

목표 문장의 사례

삶 전체의 목표

- 내 인생의 목표는 사람들이 저마다 자신의 모습을 창조적으로 표현해낼 수 있도록 북돋우는 것이다. 따라서 나는 사람들이 잘

다듬어진 열정적 삶에 대한 권리를 깨닫도록 일깨우고 격려하
겠다.

- 내 인생의 목표는 삶을 기꺼이 포용하는 여성으로서 본보기가
  되는 것이다.

- 내 인생의 목표는 한 인간으로서 내 안에 지닌 모든 잠재성을
  발견하고 표현해 내는 과정에 참여하는 것이다.

- 내 인생의 목표는 음악을 활용하여 사람들이 저마다의 열정에
  눈뜰 수 있도록 영감을 불어넣는 것이다.

- 내 인생의 목표는 훌륭한 예술 작품을 제작하여 사람들에게 행
  복을 선사함으로써 더 나은 세계를 만들어가는 것이다.

관계의 목표

- 내가 맺은 이 관계의 목표는 내 배우자와 여러 가지를 체험하고
  알아감으로써 삶을 배워 나가는 것이다.

- 내가 맺은 이 관계의 목표는 아이들과 함께 가정을 이루는 것이
  다. 그리고 아이들이 자신을 신뢰하고 사랑받는 존재임을 깨달
  도록 기르는 것이다.

- 내가 맺은 이 관계의 목표는 끝없는 사랑의 힘을 체험하고 표현
  해 나감으로 자유롭고 풍성한 삶을 함께 일구어 가는 것이다.

- 이 협력 관계의 목표는 마이크로 시스템 측에 뛰어난 컨설팅 서비스를 제공하는 것이다. 그리하여 1순위 협력 업체의 자리를 굳건히 지켜내는 것이다.
- 내가 꿈꾸는 직업 목표는 다른 이들 각자가 지닌 힘을 발휘해 기대 이상의 능력을 발휘하도록 이끄는 것이다.
- 내가 가진 작가라는 목표는 소중한 인생을 살아가는 동안 꿈을 좇아야 한다는 사실을 내 아이들에게 몸소 보여주기 위함이다.
- 내가 예술 작품을 제작하는 목표는 사람들에게 다양한 문화와 전통에서 느껴지는 풍요와 미를 전달함으로 지구촌 곳곳에 꿈을 심는 일이다.

돈과 부(富)의 목표

- 부와 관련된 내 꿈의 목표는 아무런 제약 없이 살아가며 베풀 수 있는 자유와 힘을 체험하고자 하는 것이다.
- 내가 금전적 자유를 추구하는 목표는 내가 누리지 못한 기회를 내 아이들에게 선사하는 데 있다.
- 내가 금전적 풍요를 추구하는 목표는 가족과 더 많은 시간을 함께할 수 있는 여유를 확보하는 데 있다.

영혼의 소망 vs 자아 중심적 소망

사실 내면 깊은 곳에서부터 우러나온 소망과 일시적 동경은 성격이 판이하게 다르다. 자신에 대해 더 깊이 알아 갈수록 이러한 차이점은 분명히 구분되어 간다.

좀 더 큰 시야로 보면, 꿈은 부족한 것을 채우는 삶이 아닌, 내가 가진 영혼의 소망이 나의 삶 전체에서 표현되는 일임을 이해할 수 있다.

체중 감량이라는 주제를 들어 보겠다. 지금도 헤아릴 수 없이 많은 사람들이 살을 빼고 싶어 한다. 돋보이고 싶고, 멋져 보이길 바란다. 분명 이것은 꽤 괜찮은 동기다. 하지만 안타깝게도 이런 이유로만 동기를 삼는다면 오래도록 전진하긴 어렵다. 물론 체중 감량에 성공하거나, 그/그녀에게 매력적으로 보일 만큼 살을 뺄 수도 있을 것이다. 하지만 그 다음에는 어떻게 될까? 다시 몸무게가 늘 가능성이 다분하다. 내면이 가지고 있는 소망이라는 부분이 없기 때문이다. 따라서 이 목표를 지속적으로 성취해 나가려면 체중 감량의 의미를 좀 더 확장하고 심화시켜야 한다.

자기 모습이 '학생이자 선생님'에 가깝다고 생각하는가? 그렇다면 체중 감량 목적은 자기를 사랑하고 관리하는 본보기로 아이들을 지도하기 위함이 될 수 있다. 자신을 '모험가'라고 여기는가? 그렇다면 낡은 습관을 버리는 또 다른 형태의 모험으로 더 건강한 신체를 유지하기 위함일 수 있다. 단지 살을 빼고 싶은가? 아니면 자신감을 갖기 위한 수단으로 체중 감량을 선택한 것인가? 책 출판을 원하는가? 아니면 자신이 터득한 지혜를 나눔으로 다른 사람에게 도움이 되고 싶은 이유인가? 부유한 이성을 원하는가? 아니면 부가 가져다줄 안녕과 보장을 소원하는가? 결혼하고 싶은가? 아니면 그저 외로움이 싫은 것인가?

이 둘은 확연히 다른 질문이다

먼저, 소망을 매우 자세히 들여다보라. 그래야 내가 원하는 것인지, 아니면 다른 무언 때문에 원하고 있는지를 파악할 수 있다.

제1단계를
마무리하며…

비전은 몇 개의 문장이 될 수도 있고, 단락으로 만들어질 수도 있다. 그런가 하면 그림으로 표현되는 경우도 있다. 만약 '부'에 관련된 비젼을 창조했다면, 백만 달러 같은 숫자보다는 부의 본질에 집중하는 것이 중요하다. 예를 들어 멋진 이성을 원할 경우 '베티'와 같은 특정 대상으로 한정해 놓지 않아야 한다. 즉 베티를 간절히 바라는 와중에 '줄리아' 혹은 '진'이라는 또 다른 기회까지 모두 놓쳐버리지 않도록 해야 한다는 뜻이다. 그것보다는 이상적인 관계 전체로 만들어 놓는 것이 좋겠다. 새로운 생활환경에 관한 비젼을 그릴 때는 파인 콘31번가 부근이라는 식이 아니라 꿈꾸는 주택의 본질에 집중하는 것이다. 보이는 외적인 것이 아닌 꿈꾸는 내적인 감정에너지를 갖고 있는가가 최대 관건이다.

소망은 긍정형으로 표현하라. 당신이 인정하든, 그렇지 않든, 당신이 주의를 기울이는 것이면 무엇이든 우주는 그것을 실현시킬 준비를 하고 있다. "나에게는 부채가 없다."라고 표현하면, 우주는 "없다"라는 부분을 알아듣지 못한다. 단지 당신이 부채에 관심을 가지고 있다고 이해할 뿐이다.

소망은 현재형으로 표현하라. "나는 피아니스트야."라고 표현했다면 우주는 피아니스트가 되기 위한 과정을 현실화 시킬 뿐이다.

매일 진심으로 비전을 읽고 특별히 신뢰할 만한 친구들에게 비전이 적힌 사본을 나눠줘 보라. 이제 그들 또한 당신의 비전을 공유한 셈이 될 것이다. 늘 가지고 다니는 플래너나 수첩의 맨 앞 페이지에 적어 놓아도 좋을 것이다.

"왜 소망하는 것이 그토록 중요한가?"

진지한 의미에서 '꿈'은 단순히 부족한 것을 획득하는 것으로써의 의미가 아니다. 꿈은 자신을 표현하는 것이며, 더 정확하게는 자신의 내면 즉, 영혼이 원하는 것을 '나'라는 도구를 통해 실현시켜 가는 과정인 것이다. 나의 내면이 무엇을 원하는지 아는 것. 그것이 곧 '소망'이다.

당신의 소망은 곧 당신의 내면을 온전히 표현하는 거울이 된다.

그렇다면 소망을 모두 파악한 당신이 해야 할 다음 일은 무엇인가?

마법의 공식 제2단계로 넘어가자!

이미 이룬 듯 행동하기

걸어갈 것인가?
날아갈 것인가?

"정말 그렇다고 믿는 일은 실제로도 항상 발생한다.

믿음이 그렇게 만든다."

-프랭크 로이드 라이트-

소망을 파악한 대개의 경우 이제 그 대상을 구하고 손에 넣는 일만 남았다고 생각하기 십상이다. 여기에 한 가지 중요한 요소로 이미 그 소망을 이룬 듯 행동하기 단계를 더해보자.

마법의 공식 제1단계, 소망 파악하기는 성공하려는 사람들이 보편적으로 밟아야 할 첫 번째 단계들이었다. 이제 제2단계에서는 선택권이 제시될 것이다. 여기서 선택권이란 꿈을 향해 걸어갈 것인가? 아니면 날아갈 것인가? 의 여부이다. 이왕이면 나는 쪽이 훨씬 더 흥미진진하지 않겠는가? 만일 걸어가기를 택한다면 태도와 직결된 동기부여 접근법으로 꿈에 다가서는 셈이다. 반면 날아서 꿈에 접근하기로 마음먹었다면 좀 더 빠르고 더 강한 차원의 힘을 사용해 접근하게 되는 것이다.

'이미 소망을 이룬 듯 행동하기' 개념은 다양한 표현을 통해 오랫동안 전수되어 왔다.

"마음부터 다스려라. 그러면 물질은 자연히 따라올 것이다."

- 에멧 폭스 -

"소망이 이루어졌을 때의 느낌을 포착하라."
"결과부터 그려보라."

- 네블 -

"가상의 현실을 누벼라."

- 아브라함 힉스 -

"그가 마음에 생각하는 대로 모든 것이 이루어질지어다."

- 킹 제임스 흠정역 -

앞으로 '이미 이룬 듯 행동하기'에는 얼마의 상상력이 필요하게 된다. 마치 이미 이뤄진 것처럼 생각하고 생활하기 위함이다. 이 얼마의 상상력을 동원해 원하는 소망이 이미 이뤄진 것처럼 느껴보는 간접 경험을 시도해 보는 것이다.

소망이 이미 이뤄진 듯 생각하고 행동한다면 더 이상 미래를 가정하지 않아도 된다. '언젠가'라고 생각할 필요도 없다. 이미 지금 이 순간 모든 것이 갖춰 있기 때문이다.

꿈을 실현시켜 가는 과정에서 제2단계는 매우 중요하다. 이 단계에서 끌어당김의 법칙과 힘이 의식화되기 때문이다. 무한에너지는 지금도 예외 없이 작용되고 있다. 다만, 의식하지 못하기 때문에 혜택을 누리지 못하고 방치하고 있는 것뿐이다.

전기가 없어도 생활은 가능하다. 하지만 불편한 일상이나, 전기로부터 누릴 수 있는 이로움은 포기해야 한다. 끌어당김의 법칙도 마찬

가지다. 생각과 감정을 동원해 의식적으로 이 법칙의 힘을 이용하지 않더라도 분명 삶은 지속될 것이다. 하지만 인생은 더 어렵게 느껴지고 무한한 가능성에 접근할 기회도 놓치고 말 것이다. 극단적인 경우 방치된 전기는 종종 누군가를 위협하는 무기로 작용하기도 한다. 피뢰침을 설치하지 않은 집에 번개가 내려치는 것과 같이 말이다. 이처럼 삶의 방향 설정이나 의도를 배제한 채 생각과 감정이 제멋대로 날뛰도록 방치해 둔다면 질병이나 가난, 역경과 같이 원치 않은 결과를 양산할 수 있는 것이다.

이제 '이미 이룬 듯 행동하기'를 실천하는 동안 당신은 자석이 된다. 이점을 굳게 믿기 바란다.

상상력을
엔진으로

"내면에 잠재된 창조력을 애써 무시하기에는
상상력의 작용이 너무도 어마어마하다.
인간은 상상의 힘을 빌려 존재하지 않았던 것도
만들어낼 수 있다."

- 네블 -

제2단계는 다양한 방식으로 실천할 수 있다. 잠자리에 들 때나 아침에 일어나기 전 내가 원하는 삶이 '이미 이뤄진 것'처럼 느껴보는 시간을 가져보는 것이다. 또는 하루 중 편한 시간을 택해 조용히 앉아 꿈꾸던 삶을 사는 내 모습을 그려봐도 좋다. 매일 단 몇 분도 좋고 15분씩이라도 좋다. 누구라도 잠깐 동안은 그런 척 행동하기를 실천하는 것은 어렵지 않다. 단지 마음을 내주지 않을 뿐이다. 내 경우엔 설거지를 하며, 혼잣말로 유능한 가정부를 칭찬한다(현재 가정부는 없다.) 혼자 운전을 하게 되면 차에 오르는 순간 꿈의 차를 운전하고 있다고 상상하기도 한다. 커다란 저택으로 차를 몰며 요리사에게 저녁 메뉴로 무엇을 주문할지, 고향의 친구들에게는 무슨 선물을 보낼지 생각한다. 이처럼 '이미 이룬 것'처럼 행동하기는 실천하는 방식과 시간은 문제가 되지 않는다. 단지 소망하는 장면을 떠올릴 수 있기만 하면 된다. 자신에게 말을 걸거나 잠시 공상에 잠겨도 좋다. 중요한 점은 잠시나마 진심으로 꿈에 빠져 보는 것이다. 당신이 품고 있는 기대와 영감, 감수성을 모두 불러 모아서 말이다. 그 순간만큼은 잠시나마 어린아이가 되어 꿈꾸던 세상으로 자신을 데려가 보라.

예를 들어, 깨어 있는 시간의 대부분을 직업에 대한 집착과 스트레스, 분노, 무력감으로 소진하며 지내왔다고 치자. 이제 잠깐 시간을 내 직업에 대한 충만감과 평화로움, 기쁨이 느껴지는 상황을 상상

해 보기로 하자. 하루 중 고작 몇 분에 불과한 이 '달콤한' 진동 내보
내기의 위력은 강력하다. 때문에 소망을 이룬 듯 행동하는 시간은 매
일 몇 분씩 더 늘어나는 것이 일반적이다. 한 번의 행복한 생각은 같
은 종류의 더 많은 생각을 끌어당기기 때문이다. 결국 자신이 바라는
모습을 더 빨리, 더 강하게, 당겨 당신 앞에 그 모든 것을 내려놓을
것이다.

이쯤에서 사람들은 이렇게 묻고 싶을 것이다. "그럼 항상 환상에
빠져 살아야 하나요? 완전히 다른 두 개의 인생을 어떻게 살란 말인
가요? 현실에서는 청구서가 잔뜩 밀려 있는데 꿈꾸는 삶에서는 금전
적으로 자유로우니까 말이에요."

이러한 의문은 매우 좋은 질문이다. 앞서 언급했던 미묘하지만 중
요한 사항들과도 연관되기 때문이다. 하루 중 대부분을 집착과 불쾌
함에 시달리는가? 괜찮다. 종일 행복한 듯 행동해야만 현재의 상황
이 바뀐다는 말이 아니다. 당장은 '꿀 한 숟가락' 만큼의 노력만 있
으면 된다. 매일 조금씩 실천하라. 그렇게 30일이 지나면 추진력이
생겨 훨씬 더 수월한 에너지로 커질 것이다. 이렇게 하면 꿈이 빚어
지는 근원 에너지의 영역과 당신 사이에 다리를 놓아 꿈이 넘어올 수
있다. 종종 나는 '이미 이뤄진 것' 처럼 행동하기를 라디오 조작에 비
유하곤 한다. 실제로 듣고 싶은 주파수에 나의 소망 송신을 맞추는

셈이다.

분명 우리 모두는 지금의 생활에서 더 크고 원대한 소망이 있기 때문에 애쓰고 있는 것 아닌가? 소망을 떠올리거나 이미 소망을 이룬 듯 행동하면 모든 소망을 끌어당길 뿐 아니라 추진력에 힘을 더해줄 것이다.

드러나는 것보다 감춰진 내면의 '내'가 더 많다

> *"집요하게 계속되는 현실도 일종의 환영에 불과하다."*
>
> *- 알베르트 아인슈타인 -*

우리는 다차원적 존재다. 우리에게는 여러 가지 모습이 있으며 다양한 내면을 조합하며 살아간다. 다시 말해 눈에 보이는 모습 외에도 더 많은 모습을 지니고 있다는 뜻이다.

영혼은 나의 일부로서, 머리로 이해하고 있는 내 목표보다 나의 내면의 만족스런 삶에 대해 더 구체적인 관점을 제시하게 된다.

우리는 오감을 사용해 대상을 평가하고 살아가며 지불해야 할 청구서와 체중 감량이 필요한 몸매, 꿈에 그리는 이상적 관계 등을 생

각하는 '내' 가 '나' 의 전부라고 생각하고 있다. 하지만 이것은 사실
과 다르다. 우리 내면에는 또 다른 자아가 존재하고 있기 때문이다.
이 내면의 자아는 생각하고 느끼는 것을 지속적으로 만들어 내는 에
너지의 영역이다. 지금 '나' 는 끌어당김의 법칙 모두를 이해하며 우
주의 에너지를 모으고 있다고 생각한다. 하지만 내면의 자아는 생각
이 아닌 감정으로 형성되어 있다.

감정이 포함되지 않은 소망은 이뤄지지 않는다

유명 TV 쇼 새러데이 나잇 라이브를 본 적이 있다면, 알 프랭큰(Al Franken)이 스튜어트 스몰리라는 주인공으로 등장했던 풍자 단편극을 기억할 것이다. 스튜어트 스몰리는 이 단편극에서 부족한 자신에서 벗어나기 위해 거울을 보며 긍정의 말을 반복해서 되뇐다. 극에서는 코믹한 요소로 펼쳐지는 장면이기는 하지만, 여기에서 끌어당김 법칙을 오해하는 대부분의 사람들의 인식을 엿볼 수 있다. 끌어당김 법칙을 형식과 횟수에 의해 좌우되는 것으로 오해하는 사람들이 많기 때문이다. 다시 말해 자기 긍정의 말을 충분히 되뇌거나 제대로 된 이미지를 여러 번 떠올리면 목표 달성에 성공할 것이라고 믿는 것이다. 그러나 이러한 인식이 모두 옳은 것은 아니다. 기계적으로 읊

조리거나 생각하는 것으로는 한정적인 성취 밖에 이룰 수 없다. 혹은 '많을수록 더 좋다' 는 생각으로 과제물 처리하듯 열심히 반복하기도 한다. 이렇듯 많은 사람들이 시크릿의 법칙을 오해한 나머지 내면의 진지한 감정을 배제한 결과, 충분한 결과를 얻는데 실패하고 말았다.

참된 힘은 감정 에너지를 통해 발휘된다. 내면의 간절함이 포함되었을 때 더욱 강하고 빠르게 다가온다는 뜻이다.

긍정적 감정 에너지는 꿈을 현실화시키는 동력이다. 거기에 우리가 품은 생각이 에너지로서 지속적인 초점을 맞추도록 돕는 것이다.

토스트 기계를 예로 들어 보자. 기계를 작동시키는 전기 에너지가 없다면 토스터 기계는 거기 그대로 놓여 자리만 차지할 뿐이다. 자기 긍정 기법에도 같은 원리가 적용된다. '나는 나 자신을 사랑한다.' 라는 긍정의 말은 분명 바람직하다. 하지만 이러한 생각을 현실화시켜 줄 긍정적 감정 에너지를 품지 않는다면, 기진맥진할 때까지 같은 말을 되뇐들 자신을 사랑하는 능력이 이전에 비해 더 커지지는 않을 것이다.

'축복은 느낌이다.' 라는 말이 의미하는 것은 우주가 받아들이는 진동에 관한 것이다. 즉 우주는 겉으로 드러나는 당신의 생각과 말, 행동보다 그 내면에 잠재된 참된 감정 에너지에 더 강력하게 반응한다. 결국 '나는 나 자신을 사랑한다.' 라고 말하더라도 자신의 참된 아름다움을 믿지 않는다면 자신이 하찮게 느껴지는 상황은 멈추지 않을 것이다. 감정은 결코 속일 수 없다. 행복을 느끼고 즐겁게 생활하고 싶다는 생각을 내면과 일치시켜 보자.

완벽하지 않아도 좋다

많은 사람들이 쉽게 빠져드는 패턴이 있다.

"좋아 지금부터 나는 어떤 일이 있어도 이 모든 것을 완벽하게 실천해 보겠어. 이제 원하는 걸 파악했으니 거기에 집중해야지. 원하는 걸 이미 얻은 것처럼 행동하고 소망이 이루어졌을 때의 기분을 느껴보는 거야. 나는 금전적 자유를 얻고 싶고 그런 상황을 떠올려 왔어. 그런데 아…… 아직 지불하지 않은 청구 금액이 만 달러 있는데 이걸 어떻게 갚아야 하지. 아…… 스트레스가 쌓이지만, 그만 생각하자. 그런 부정적 생각은 소망을 이루는 데 방해가 될 뿐이니까. 긴장을 풀고 기분을 전환해 봐야지 그래, 자기 긍정의 말을 해 보자. 아, 그래도 청구서 날자가 곧 다가오는데 이건 어떻게 해결하나…… 이러면 안 되는데……."

어떤가? 어쩌면 당신도 이런 상황에 반복적으로 놓이게 될 수 있다. 결국 어떤 방법을 쓰더라도 강력한 긍정에너지로 전환이 불가능해진다. 꿈과 소통할 수 없게 되어 버리는 것이다. 왜 이런 일이 발생할까? 그것은 소망에 반하는 생각을 떠올리고 현재의 상황을 두려워하기 때문이다. 분명한 문제는 생각과 감정을 조절하는 과정에서 '저항'이 발생되고 있기 때문이다.

이제, 스트레스가 쌓이고 두려움과 의심이 발동할 때 그 감정을 존중해 보자. 감정이 자연스럽게 드러나고 방출되도록 두는 것이다. 평가하거나 거부하고 억지로 느끼지 못하도록 하는 것은 감정을 저항하는 것이다. 저항은 행복을 차단할 뿐 아니라 내면에 부정적 감정을 남기게 된다. 이는 에너지의 흐름을 차단하는 역할을 한다.

앞에서 살펴보았던 기본 원리의 연장된 의미를 되짚고 가보자.

근원은 단 하나이며 그 근원은 에너지다. 근원 에너지의 본성은 무한하고 한없다. 이 에너지는 무조건적 사랑과 완벽한 건강, 영원한 부, 성공, 모든 면에서의 성취, 무한한 선으로 표현된다. 근원 에너지는 오직 하나이며 당신 역시 동일한 근원 에너지로 빚어졌다.

글에서 알 수 있듯이 이미 우리 모두의 내면에는 우주의 무한에너지가 내포되어 있다. 우리는 이와 동일한 성질을 갖고 있기에 본성도 행복으로 이루어져 있다.

이점을 꼭 기억해 두기 바란다. 당신의 근원에는 무한한 행복에너지가 이미 내재되어 있다는 사실을 말이다.

기본적으로 내면의 생각을 무시하거나 조정하려고 들 때 영혼은 신호를 보내온다. 불쾌한 기분이라든가 불안이라는 감정으로 행복의 기운을 차단하고 방해하고 있음을 알려오는 것이다. 그렇기 때문에 억지로 자신을 설득해 부정적인 감정을 애써 누르거나 지우려고 든다면 반복되는 감정 저항에 마닥뜨리게 된다.

그러니 부디, 감정의 흐름을 억지로 차단하려는 것 같은 행동을 하지 않기 바란다. 부정적 감정이라도 한번 느끼고 나면 감정의 전환을 할 수 있게 된다. 흐르도록 그냥 내버려 두자. 어쩌겠는가. 현실인 것을… 다만 그 걱정이 모든 생활 전체로 퍼져나가는 것을 막는데 현명한 지혜를 쏟아야 할 것이다.

앞서 언급했던 것 같은 '이미 이뤄진 것' 처럼 행동하기나, 소망을 파악하며 그 꿈이 이뤄졌을 때 느껴질 감정을 적어 보는 것 같은 시간을 통해 균형을 유지해 나가는 것이 현명할 것이다.

감정은 흐르게 내버려 둘 때 더 약해지고 소멸될 가능성도 높아진다는 사실을 기억하기로 하자.

하루 중 49%의 시간 동안 풍부함을 생각하고 느낀다 하더라도 나머지 51%의 시간 동안 늘 부족함에 대해 생각한다면 2%의 부족함에 더 많은 집중을 하고 있는 셈이 된다. 결국, 부족함이라는 현상이 실현될 가능성에 무게를 더해주게 되는 것이다. 만약 2%의 시간을 더 쏟아 풍부함이라는 생각의 진동에 맞춘다면, 반대의 결과에 이르게 될 것이다. 100%의 시간을 모두 할애해 생각과 감정 모두를 조절하지 않아도 좋다. 더 옳은 방향으로 나아가기만 하면 된다. 꿈을 자신에게로 이끌어 주는 힘은 결코 완벽의 경지가 아니다. 바로 계속 전진하는 데 그 힘이 있다.

한계를 옹호해 보라.
그러면 그 한계는 분명 당신 차지가 될 것이다.

- 리처드 바크 -

감정의 힘이 강해지는 9가지 방법

제2단계의 목표는 궁극적으로 진동을 소망하는 대상에 맞추고 끌어당김의 법칙을 활용하여 그 대상을 자신에게 당겨오는 데 있다. 앞으로 살펴볼 내용은 강력한 힘을 발휘하는 몇 가지 다른 기법에 관한 것이다. 이 장에서 소개되는 방법 역시 자신에게 가장 잘 맞는 기법을 골라 다양한 방식으로 활용하면 된다. 한 가지 기법만 사용해도 되고 몇 가지 혹은 소개된 기법 모두를 사용해도 좋다.

• 감사하기 •

감사는 삶을 충만하게 해 주며 영혼에 평온을 주는 감정이기도 하다.

그중에서도 깊은 명상 속에서 하게 되는 감사의 기도는 가장 강력한 에너지로 팽창되기도 하는데 '감사'라는 감정 자체가 '소유함'의 선언이 되기 때문이다.

> "항상 상냥하고 즐거우며 생기가 넘쳐흐르는 유쾌한 사람 되게 하소서. 그리고 아주 작은 일에도 감사하게 하소서."
>
> - 루미 -

지금 당장 내가 가진 돈이라곤 10만 원이 전부라고 치자. 이때라면 누구나 지금 나에게 부족한 액수와 가진 돈으로 처리하거나 살 수 있는 것들을 떠올리며 좌절이나 근심 걱정이 들 법하다. 그러나 감사의 기도를 하는 사람들은 부족한 한도 내에서지만, 지금 이만큼의 돈을 가질 수 있게 된 것과 그 돈으로 살 수 있는 음식, 자신보다 더 한 사람도 있다는 사실에 집중하고 있다.

결국, '감사하기'는 가지지 못한 것보다 가진 것으로 눈을 돌리는 훈련이 아닐까? 나쁜 상황에서도 긍정적인 측면을 찾아내는데 도사가 되어 가는지도 모른다. 아이러니 하게도 이러한 감사의 태도는 자신도 모르게 삶을 전환시키는 촉매제가 될 수 있다. 언급했듯이 '감사'는 이미 '소유함'을 의미하기 때문에 긍정적인 내면을 가꾸게 되면서도 자석과 같이 '이미 이룬 듯 행동하기'에 또 다른 모습이 되기 때문이다. 내가 알고 있는 사례를 하나 소개해 보도록 하겠다. 나의 친한 친구의 딸 에이미는 16세 되던 해 악성 희귀 암 진단을 받았다. 당시 친구의 가족은 에이미의 우등상과 운전면허 취득, 졸업 파티, 등으로 한창 즐거운 시절을 보내던 중이었다. 에이미를 습격한 암은 이미 폐까지 퍼져버린 상태였다. 게다가 당시 에이미의 상태는 그 누구라도 주저앉아버릴 만큼 절망적이었다. 당시 나는 매우 가까이서 그 여정을 지켜볼 수 있었는데 친구와 에이미는 인생에서 가장 힘든 시기에 감사의 위력을 정말 잘 활용한 본보기가 되어 주었다. 충격에서 간신히 벗어나 평정을 되찾은 친구의 가족은 혹독한 항암 치료를 거치게 될 에이미에게 힘을 실어 줄 여정을 시작했다. 친구는 매일같이 딸에게 같은 질문을 던졌다.

"오늘은 무엇에 감사할 수 있을까?"

" 오늘은 하늘이 유난히 맑아요. 병실에서도 따뜻한 바람이 불고 있다는 것이 느껴질 정도로요."

"에이미 오늘은 무엇에 감사하니?"

에이미가 대답했다.

"오늘은 발가락이 어제보다 많이 아프지 않아요."

놀랍게도 현재 에이미는 항암 치료과정 뿐 아니라 암 자체를 모두 이겨냈다. 이제 19세로 접어든 에이미는 암에서 해방되어 자유로운 삶을 누리고 있다. 또한 그녀는 미국 서부 의학계의 기적으로 회자되고 있다. 어느 날 나는 에이미에게 어떻게 이 모든 것이 가능했는지 물었다. 투병 중이었을 당시 에이미는 심한 발 통증에 시달리고 있었고 당시 의사들은 에이미의 다리 절단을 고려하고 있던 중이었기 때문이다.

"발이 아플 때면 통증을 느낄 수 있다는 사실에 감사했어요. 통증이 느껴진다는 건 발이 여전히 성하다는 말이니까요."

사실 인생의 어려움을 토로하자면 끝도 없이 이유를 댈 수 있다. 친구와 에이미의 경우만 해도 당시의 어려운 상황과 부당함, 그 모든 고통과 스트레스, 두려움, 경제적 어려움에 대해 신경을 쏟아 부을 수 있었다. 하지만 그들은 알고 있었다. 부정적 생각에 빠져 들 여유 따위는 없다는 사실을 말이다. 물론 두려움과 스트레스, 피로, 분노, 혼동 등의 감정은 항암 치료 기간 내내 수시로 그들을 찾아왔다. 하지만 이들은 죽음의 그림자 앞에 머물지 않았다. 대신 부정적 감정이 들 때면 그러한 감정을 인식하고 존중하는 동시에 긍정적 요소로 눈을 돌리기 위해 힘썼다.

비록 생명을 위협하는 중병을 퇴치할 공식은 제시할 수 없지만, 이것만은 알려 줄 수 있다. 현재의 몸 상태가 어떠하든, 의사들이 뭐라 했던, 감사의 위력과 근원 에너지의 선한 기운이 합해져 오는 힘과 자신을 파악하고 느끼는 힘이야말로 기적을 만들어내는 주재료라는 것이다.

사실 기적은 매일 벌어지고 있으며 우리 능력 밖의 일도 아니다. 우주와 더불어 창조력을 발휘할 수 있다면 누구나 삶에 기적을 불어넣을 힘을 지니고 있다.

감사할 수 있는 방법은 많다. 매일 밤 잠들기 전에 다섯 가지 감사할 일을 적는 것부터 시작할 수 있다. 매일의 일상에서 감사할 만한 대상을 물색하는 일을 습관화 하는 것이다. 우선, 평가를 중단해 보자. 어떤 대상을 나쁜 것으로 평가한다면 생각과 감정은 나쁜 쪽으로 기울어 버린다. 끌어당김의 법칙에 따라 어쩔 수 없이 나쁜 대상을 지속적으로 경험하게 되는 것이다. 원치 않는 상황이 벌어졌을 때 감사의 힘을 활용하려면 다음과 같이 주문을 되뇌어 보라.

일단 상황은 벌어졌다.
눈에 보이지 않지만,
이 상황에도 분명 좋은 점은 있고 나는 그 사실에 감사한다.
긍정적인 요소는 ________이다.

긍정의 기도가 효과를 발휘하는 이유는 이 기도가 의식을 인도하기 때문이다. 입으로 내뱉은 말로만 진동은 맞춰지지 않는다. 감정 역시 말과 뜻을 같이해야 한다.

그렇다. 긍정의 기도를 하려면 말을 뛰어넘어 마음까지 쏟아 부어야 한다. 감정을 실어 기도에 심취하지 않는다면 기도 방법이 잘못되었다고 볼 수 있다. 또 일반적 기도가 요청하는 어투로 이루어지는 반면 긍정의 기도는 일련의 인정이나 선언으로 이루어진다. 즉, 나는 이미 이걸 가지고 있다. 상황은 그러하다. 여기에 있다. 지금이다. 이루어졌다라는 식이다.

• 확신하고 행동하기(~인 양 행세하기) •

"나는 내가 되고자 하는 사람이 되는 순간까지, 아니면
그 사람이 나와 닮아갈 때까지 그 사람인 양 행세할 것이다."

- 캐리 그랜트 -

~인 양 행세하기는 그런 것처럼 행동하기의 변형이다.

다시 말해 소망하는 것이 이미 주어졌거나 확실히 보장되었을 때 취할 법한 행동을 하는 것으로 이해하면 된다.

예를 들어 새 차를 구입하고 싶은데 현재 충분한 돈이 없다고 가정해 보자. 단순히 돈이 없음을 걱정하거나 돈을 조달할 방도를 몰라 새 차를 갖지 못하는 현실을 한탄하며 마냥 집에 머무는 대신 새 차 구입이 보장된 일인 양 행동해 보는 것이다. 만약 새 차를 구입할 만큼의 비용을 마련했다면 당신은 인터넷에서 원하는 차종을 검색하고 판매 대리점을 방문하여 마음에 드는 차에 시승해 볼 것이다. 어쩌면 부족한 얼마의 비용을 위해 대출 신청서를 작성할 수도 있을 것이다.

~인 양 행세하기란 확신을 가지고 행동하는 기법이다. 확신이라는 개념을 이미 파악하고 있다면, 확신하고 행동하기 기법은 자신에게 익숙한 그 무언가의 연장선이 될 것이다. 하지만 확신을 막연히 신비로운 사고의 일종으로 여긴다면, 이 방법 자체는 까다로운 도전 과제가 아닐 수 없다. 매일같이 쏟아져 나오는 과학적 연구 결과는 강한 힘을 발휘하는 우주가 존재하며 이 우주는 우리의 생각과 감정, 행동을 통해 시시때때로 변화한다는 개념을 뒷받침해 줄 것이다. 오감으로 감지하지 못하는 우주의 작동 원리를 좀 더 깊이 이해한다면 ~인 양 행세하기와 확신하고 행동하기를 제대로 실천할 수 있게 될 것이다.

"성공하고 싶거든
우선 당신이 바라는 성과를 이루어낸 사람을 찾은 다음
그를 따라 해라……
결국 그와 같은 성과를 얻을 것이다."

-토니 로빈스-

가장 쉽고 효과적인 ~인 양 행세하기를 실천하는 방법 중 하나는 역할 모델을 찾아 그 사람의 행동을 따라하는 것이다. 어떠한 사람이 되고 싶던, 무엇을 성취하고자 하던 이미 그렇게 하고 있거나 이미 이룬 사람을 찾아내 그대로 모방 하는 것이다.

나는 20대 후반에 대학원에 입학했다. 대학원 진학은 내가 간절히 바라던 일이었으므로 꿈을 이룬 셈이었다. 하지만 당시의 타이밍은 그다지 적절하지 않았다. 전념해야 할 몇 가지 일들이 겹친 것이다. 당시 나는 직장을 다니고 있었고 통근 시간에만 4시간이나 소요되고 있었다. 뿐만 아니라 풀타임 자원 봉사에도 참여하고 있었다. 때문에 일주일에 몇 번씩 야간 회의에도 참석해야 했다. 게다가 당시 남자친구(지금의 남편)와 진지한 관계로 발전해 가던 중이기도 했다.

그런 여러 가지 이유로 대학원 입학 허가서는 기쁨과 동시에 엄두가 나지 않는 일이기도 했다. 이 모든 일을 해낼 수 있을까 생각이 들었지만 그 어떤 것도 포기하고 싶었다. 사실 당장 학비를 어떻게 충당할지조차 막막했다. 결국 나는 역할 모델을 찾아 나섰고 마땅한 사람을 찾았다. 그리고 그녀를 따라하기 시작했다.

내게 영감을 불어넣은 사람은 그웬으로, 그녀는 모든 일을 훌륭히 소화해 내고 있었다. 그웬은 내가 아는 가장 성공한 여성들 중 한 사람이었다. 그녀는 비영리 기관의 이사로 재직하며 풀타임으로 근무했고 봉사활동에 참여하며 대단한 리더십도 보여주었다. 뿐만 아니라 대학원에 진학했고 이성 관계에서도 멋진 데이트를 즐기고 있었다. '그웬이 할 수 있다면 나도 해낼 수 있어.' 그때부터 나는 매일의 어려운 상황에 직면할 때마다 내게 질문을 던지곤 했다. '그웬이라면 어떻게 했을까?'

그리고는 그녀가 했을 법한 행동을 실행해 갔다. 어느 땐 도무지 해답이 떠오르지 않았다. 그럴땐 그웬에게 직접 찾아가 물어보기도 했다.

시간에 쫓기며 잠이 부족할 때도 있었고, 데이트를 위해 많은 일들을 미리 처리하고 겨우 시간을 냈지만 갑자기 중요한 회의가 잡히기도 했다. 수십 통의 전화에 일일이 대응하고 써야 할 논문이 세 건이나 남아 있는데다 상사가 마감일을 재촉해댈 때도 마찬가지였다. '그웬이라면 어떻게 할까?' 그렇게 5년 6개월 동안 나는 어떻게 성공을 이루어내야 할지 구체적으로 알지 못하는 상태에서 그웬이 했을 법한 행동을 따라했고, 마침내 모든 것을 마칠 수 있었다. 대학원 과정을 마치고 결혼에 골인했으며 집도 구입했다. 뿐만 아니라 평소 애착을 갖고 있던 비영리 단체의 지역 코디네이터로 승격도 되었다. 그웬의 행동을 예상하고 그 행동을 따라함으로써 나는 그녀처럼 성공을 체험할 수 있었던 것이다.

역할 모델을 찾아 그들이 했을 법한 행동을 따라하면 '그런 것처럼 행동하기'의 힘을 활용할 수 있다. 마법의 공식 제2단계의 모든 측면이 그러하듯, 그 일이 어떻게 이루어질는지 전혀 알지 못해도 상관없다. 그저 자신이 바라는 것을 파악하고 그것에 집중하면 된다.

• 봉사 •

"진정 행복할 수 있는 사람은 어떻게 베풀 수 있는지
터득한 사람뿐이다."

- 알베르트 슈바이처 -

20대 후반에 비영리 단체에 참여하면서부터 나는 나눔과 봉사에서 비롯되는 풍요의 힘에 눈 뜨게 되었다. 자원단체는 자원 봉사자들의 힘에 크게 의지되며 운영된다. 나는 그때까지만 해도 꽤 자기중심적이었다. 여느 미국 아이들처럼 나 역시 '내가 먼저야!'라는 태도를 고집하며 사춘기를 보냈다. 대학을 졸업 후 각종 치유법과 자기 계발서, 저널 집필, 자기 성장 워크숍 등에 매료되면서 더 높은 자기중심적인 활동을 즐겼다. 자연히 내 모든 에너지와 의식은 나를 위해 무언가를 더 얻어내는 것에만 집중되 있었다. 어떻게 하면 더 깊은 이해력을 얻어낼까? 어떻게 하면 더 멋진 남자를 얻을까? 더 좋은 직장, 더 강력한 행복 등 수 없이 많은 질문들을 나에게 던지고 그 모든 것을 얻기 위한 행동에 착수하곤 했던 것이다. 물론 그 결과 목표했던 대부분의 것을 얻었다. 내적으로 충만한 행복감을 제외하고 말이다.

그러던 어느 날 한 단체를 방문하면서 전혀 새로운 개념의 의미를 깨닫게 되었다. 봉사란 나눔 자체를 위한 행동을 의미했다. 아무런 조건 없이 마음을 열고 대가를 바라지 않는 것이다. 또한 내가 아닌 상대에게 집중해야 한다. 봉사의 목적은 무언가를 얻기 위함이 아니라 나눔에 있었다. 나 자신의 안위를 위한 에너지를 모으기보다 상대의 안녕을 위해 나의 에너지를 쏟아 붓는 데 100% 집중력을 발휘해야 했다. 사실 이 모든 개념은 내게는 너무나 새로웠다. 자원봉사를 시작하면서부터 나는 인생의 놀라운 변화의 경험들과 마주했다. 그동안 내가 나 자신의 생존만을 위해 살아왔으며 언제나 무언가 부족함을 의식하며 지냈다는 사실이었다. 돈과 사랑, 관심은 언제나 충분치 않다고 여겼다. 게다가 내 마음이 기본적으로 다른 사람에게서 분리된 개념에 있다는 사실도 깨달았다. 자연히 나는 모든 것을 해결한다는 신조로 대처해왔다. 인생의 의미 역시 무엇이든 다른 사람보다 빨리 얻어내고 성취하는 데서 찾았다. 나는 한시도 안심할 수 없었고 경계심을 늦추지 않아야 한다고 생각했었다. 사실 세상을 생존의 장으로 바라볼 경우 봉사를 실천하기란 매우 어려운 일이 될 수밖에 없다. 내 경험에서 보면 우선, 충분하지 않다는 생각에서 충분히 가졌다는 믿음으로 인식을 달리해야 했다. 나는 나눌 만큼 충분히 가졌고 나눠주는 것 보다 더 좋은 무엇을 받게 될 것이며 그에 따른 따뜻한 보살핌을 받을 것이라는 인식을 해야 했다.

봉사를 실천하면서 나는 많은 일들을 경험할 수 있었다. 언제나 충분한 행복감을 얻지 못했던 내가 하루아침에 사랑과 충만함으로 넘쳐나게 된 것이다. 또한 다른 사람들의 인생에 변화를 가져다주는 기쁨을 체험하고 있었다. 그들의 내면과 참된 소통을 하며 이전까지는 몰랐던 정신적 사랑을 타인들과 나누게 된 것이다. 그 어느 때보다 많은 일을 해내고 있었고 수면 시간이 매우 부족했지만 언제나 활기가 넘쳤다.

당시 지인들이 종종 내게 물었다. "그 많은 일들을 어떻게 다 해낼 수 있죠?" 그때마다 내 대답은 한결 같았다. 모든 힘의 원동력은 사랑이었다. 누구나 어느 순간 당황하며 커다란 실수를 범한다. 하지만 여러 사소한 시행착오 속에서도 미래를 향해 멀리 내다보며 생활하고 있다면 분명 올바른 길로 가고 있다는 사실을 깨닫게 되는 시점이 올 것이다. 관대하게 사랑을 베풀면 그 사랑은 배가 되어 돌아온다. 감사한 마음으로 너그러이 돈을 쓰면 그 역시 더 많은 액수로 돌아오게 되어 있다. 시간을 들여 도움을 제공하면 우주는 훨씬 더 많은 보답으로 응답한다.

잊지 말자.

결과를 창조해 내는 것은 각종 기술이 아니라 자신의 감정이라는 사실을.

• 자기 긍정과 믿음 •

"이제 당신은 다른 사람보다 유리한 입장에 서 있다.
나는 당신이 그렇게 할 수 있다는 것을 알고 있다."

- 짐론 -

자기 긍정은 바라는 대상으로 주의를 집중시키기 위한 긍정의 진술이다. 이것은 말하거나 글로 옮길 수 있다. 일단 자기 긍정의 말을 적어서 자주 보이는 곳에 걸어둘 것을 권한다. 그리고 매일 원하는 만큼 몇 번이고 그 말을 되뇌어도 좋다. 이러한 자기 긍정의 말은 정신과 마음에 자양분을 제공하는 긍정적 진실을 일깨운다. 특히 다음과 같은 경우에 더욱 그러하다.

- 바라지 않는 상황으로 내 마음이 집중될 때
- 우울한 감정 등 인생의 온갖 상황에 일일이 반응하게 될 때
- 온갖 부정적 생각을 만들어 내고 집착하며 정신을 혹사시킬 때

매일 자기 긍정을 되풀이하면 바라는 소망에 계속 집중할 수 있다. 하루의 시작과 마무리를 진심이 담긴 자기 긍정의 진술과 함께한다면 소망으로 한 걸음 더 다가서게 된다. 뿐만 아니라 자신이 원하는 그 무엇에서 자꾸만 멀어지려 할 때 제어 도구가 되어 주기도 한다. 이렇듯 여러 가지 방면으로 활용 가능한 긍정의 진술문을 선택해 보기로 하자.

자신이 믿지 않는 내용을 애써 납득시키려 애쓴다면 자기 긍정이 효과를 발휘할 수 없을 것이다. 기술이 아닌 느낌이 모든 걸 창조해

내기 때문이다. 또 자신이 내뱉는 말에 의해서가 아니라 자신에게서 나오는 감정을 우주가 감지하기 때문이기도 하다. 그러므로 나는 있는 그대로 아름다워라고 말하더라도 마음속에서 '난 뚱뚱한 내 몸이 싫어'라고 느끼고 있다면 비만과 자기혐오의 생각을 더욱 끌어당길 뿐이다.

가령 자기 모습을 사랑하고 있는 그대로 수용하고 싶지만 마음속 깊이 받아들이지 않고 있다면 겉으로 내뱉는 어떠한 말에도 효과는 전혀 없다. 풍요와 부를 원하지만 사방에서 보고 느끼는 것이라곤 부족함뿐이라고 가정해 보자. 이 경우 "나는 금전적으로 구애받지 않는 억만장자야."와 같은 자기 긍정은 효과가 없다. 하지만 가난한 상황에서 부자가 된 역할 모델이 있고 그 사람과 밀접한 관계를 유지할 수 있다면 이야기는 달라진다. "제나 맥머피의 인생이 완전히 바뀌어서 자유와 부를 얻었다면, 나도 그렇게 할 수 있어." 라고 자기 긍정의 말을 만들어 내보라. 이 작은 차이가 당신의 인생을 바꿔 놓을 것이다.

자기 긍정문을 만들고 활용하는 과정에서 가장 중요한 것은 당신의 마음에 완벽히 와 닿는 진술문을 찾아내는 것이다. 자신이 진심으로 이해하고 믿는 내용이라야 한다.

때론 열심히 노력해도 집중할 수 있는 긍정문을 도무지 찾지 못할 때가 있다. 꿈이 이루어지리라고 내면 깊숙이 믿을 수 없는 것이다. 아니면 시도하고 가능성을 허용하는 일이 단순히 내키지 않을 수도 있다. 이런 경우 제한된 믿음이 내면에 있는 상태일 수 있다. 그러므로 먼저 그 불신을 해소 시켜야 한다.

소망하는 것을 끌어당기기 위한 진동을 내보내는 것이 현재 우리의 목표다. 그렇지 않은가? 그런데 꿈이 이루어졌을 때의 모습과 소유하거나 실천하고 싶은 대상의 느낌을 도무지 떠올릴 수 없다면 어떻게 할 것인가? 이상적인 남녀 관계를 소망하지만, 실제 그 상황이 되었을 때 어떤 모습일지 혹은 어떤 느낌이 들지 전혀 상상할 수 없다면? 어쩌면 당신은 불행한 가정에서 성장했을지도 모르겠다. 또는 매사에 부정적인 친구들 사이에 둘러싸여 있을지도 모른다. 아니면 한 번도 만족스러운 관계를 경험하지 못했을 수도 있다. 부채를 청산하고 금전적으로 여유로운 삶을 누리고 싶지만, 줄곧 부채에 시달려 왔거나, 온 힘을 다해 이미 소망을 이룬 듯 행동하기를 실천해 보고 싶지만, 어떻게 하면 되는지 전혀 실마리를 잡지 못하고 있을 수도 있다. 익숙한 기준 세우기라는 강력한 도구는 이처럼 난처한 상황에

처했을 때 도움이 된다. 그리고 곧장 실생활에 적용되기 때문에 앞서 언급한 두 가지 상황 역시 가설로 그치지 않는다. 이어지는 내용은 쉽게 떠오르지 않는 대상과 진동을 맞추는 방법에 관한 예시다.

• 꿈과 소통할 수 없을 때 •

20대 후반까지 나는 남성을 두려워하고 피하곤 하는 개인적인 문제를 갖고 있었다. 두어 번의 데이트로 관계를 끝내버리거나 맘에 드는 어떤 상대에게는 집착하게 되는 딜레마에 빠져 있던 것이다. 그러다 보니 패배자가 느낄 법한 외로움과 절망, 자포자기 등의 감정에 시달리기도 했고 성공적인 관계를 아예 갖지 못할까 두려워하기도 했다. 별다른 노력 없이도 남자들과 편하게 지내는 친구들은 너무도 많은 반면, 나는 길거리에서 조차 앞서 걸어오는 남자들과 눈도 마주치치 못했다. 그렇다고 내 외모에 문제가 있는 것은 아니었다. 오히려 다른 친구들보다 장점이 많았음에도 자신 있고 진정한 모습으로 살아가는 법을 몰라 헤매고 있었다. "나는 사랑스럽지 못하고 사랑 자체도 두려워."라는 내면의 진동은 꼭 그러한 상황으로 나를 이끌고 있었다. 만족스러운 관계가 어떤 느낌인지 전혀 알 수 없었기 때문에 실제로 체험하기 전까지는 그런 것처럼 행동해 볼 수도 없었다. 그러던 어느 날 친구와 코치 한 분이 내게 이렇게 말했다. 쇼냐, 지금 네 주변에 편안하게 느껴지는 남자가 있니? 아니면 신뢰할 수 있는 남자는?"

머리를 쥐어짜 보았지만 그런 사람은 아무도 없었다. 단 한 명도.

어느 순간 친구가 물었다. "네 남동생은 어때?"

"아, 내 동생! 그렇지. 그렇고말고. 그래, 남동생은 편안해. 완전히 믿을 수도 있고 말이야."

이후부터는 나는 남동생과의 관계를 떠올리며 편안하고 신뢰 있는 이성에 대한 느낌을 조금씩 만들어 냈다. 어느 순간 우주를 향해 그와 비슷한 아니 더 세세한 부면에서 깊은 신뢰와 편안한 대상을 그려가게 되었다. 그리고 남동생에게 그런 느낌을 가질 수 있다면 다른 남성에게도 느낄 수 있음을 깨닫기 시작했다.

이후 나는, 그 모든 문제로부터 완전히 해방되었고 당당한 모습으로 내가 원하는 이상향에 맞는 대상을 선별해 낼 수 있게 되었다. 그리고 내 감정에 충실한 누군가와 사랑하게 되었다.

• 성공 인정하기 •

한 번 솔직해져 보자. 만약 자신의 꿈이 즉시 실현된다면 더없이 신나는 일이겠지만, 만약 기약 없이 아주 오랜 후에야 실현될 꿈이라면 어떻게 하겠는가? 이 경우 어떻게 하면 긍정적이고도 강력한 에너지를 지속적으로 유지할 수 있을까?

때로는 오랜 시간이 지난 후에야 실현되는 꿈이 있게 마련이다. 만약 이런 경우라면, 우선적으로 치유하거나 좀 더 성장해야 할 부분이 있을지도 모른다. 때때로 우주는, 우리가 미처 이해하지 못하는 방식으로 작은 부분까지 일일이 조율하고 있기 때문에 그 꿈이 아직 실현되지 않았을 수 있다. 혹은 어쩌면 당신이 아직도 제 1단계인 소망파악하기에 머물러 있기 때문일지도 모른다.

어떤 이유와 상관없이 꿈은 느리게 실현될 수도 있는 것이다. 누구나 자신의 바램이 늦어지게 되면 낙담하고 우울한 기분에 빠지게 된다. 이 때는 그 어느 때보다 어려운 시기를 겪곤 할 것이다. 어쩌면 건강한 몸을 그토록 바랬지만 최근 더 두드러지게 아팠을 수도 있고 원하는 이성을 만나지 못했을 수도 있으며 10년이 흘렀는데도 여전히 빚에 시달릴 수도 있다. 하지만 다시 한 번 자세히 들여다보자. 혹시 최종 결과에만 집중한 나머지 아무것도 이뤄진 것이 없다고 느끼는 것은 아닌가 하고 말이다. 분명 당신은 자신이 원하던 그 목표에 조금씩 전진하고 있었을 것이다. 그렇지 않은가? 최종적인 목표에 완벽히 도달하지 못했다고 해서 그 목표에서 벗어난 것이 아니지 않

은가 말이다. 결국 지금 우리가 깨달아야 하는 분명한 것은,

"정말 되고 있어! 느리긴 하지만 나는 해내고 있어!"라고 인정하고는 것일지 모른다.

알렉스(Alex)는 경제적 여유를 갈구하는 남성이었다. 하지만 어쩐 일인지 항상 빚은 그를 괴롭혔다. 알렉스의 빚은 대학 시절 신용 카드로 시작된 후 줄곧 그를 따라 다녔다. 그리고 37세가 될 때까지도 빚에서 벗어나지 못했다. 이미 빚은 십만 달러를 넘은 상황이었다. 물론 알렉스도 TV에서 금융 전문가들의 견해를 듣거나 관련 서적을 탐독하고 절약을 실천하면서 빚 청산을 목표로 노력했다. 끌어당김의 원리를 공부하고 의식을 부에 집중하는 연습도 했다. 이렇게 그는 나름대로 최선을 다해왔다. 하지만 그러다가도 한 번씩 다시 신용 카드를 꺼내 써버리며 같은 자리를 맴돌고 있었다. 그러던 어느 날 다시 한 번 최선을 다해 빚을 청산해 보기로 마음을 먹게 되었다. 이번에는 아예 가지고 있는 카드를 모두 잘라버렸다. 사업 관련 부채와 개인적 빚을 합해 모두 십만 달러 이상의 빚을 지고 있던 그는 그 뒤 2년 동안 오로지 현금만 쓰고 근검절약을 실천하며 생활했다. 때로는 불편한 희생도 감수하며 작은 금액이라도 모두 빚을 갚는 데 보탰다. 유난히 견뎌내기 어려운 순간이 올 때면 아직까지도 빚에서 헤어

나지 못했다는 생각에 풀이 죽기도 했다. 우울과 실망에 빠져 있던 어느 날 문득 그는 깨달았다. '그래, 아직 빚이 있는 건 사실이지만 이제는 55,000달러밖에 남지 않았잖아! 너는 정말 해내고 있는 거야! 정말 그렇다고. 아직 완전히 해방된 것은 아니지만 결국엔 그렇게 되고 있단 말이야.' 작지만 고요한 영혼의 격려에 알렉스는 꿈이 실제로 이루어지고 있음을 깨달았다. 마침내 그는 성공을 인정하고 있었다. 그날 이후부터 알렉스는 그동안 갚은 금액만 생각했다. 그는 지금도 빚을 갚아나가고 있다. 하지만 이제는 꿈이 반드시 이루어진다는 사실을 조금도 의심하지 않는다. 게다가 지금에 와서는 크게 애쓰지 않아도 소원이 이루어졌을 때의 기분을 떠올릴 수 있게 되었다.

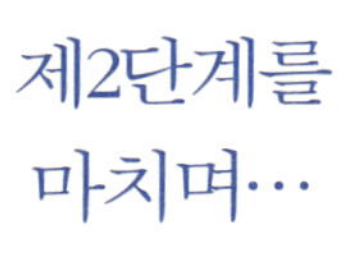

이미 소망을 이룬 듯 행동하기를 실천하려면 자신의 일상에 다소 신비로운 기운을 끌어들여야 한다. 또 근본적으로 이 단계를 마치기 위해서는 현실과 우리가 체험하는 내면의 현실 모두를 오가야 한다. 어떤 이들에게는 이렇게 하는 것이 꽤 큰 과제로 여겨질 수 있다. 하지만 인생과 세상을 향한 이 관점은 꿈의 성취로 이어지는 길이다. 이제 마법의 공식 제3단계에서 '나만의 틀에서 벗어나는 법'을 살펴보기로 하자.

3

나만의 틀에서 벗어나기

실행 vs 태도

"새로운 도전을 맞이하기에 너무 늦은 나이란 없다.
모든 미래는 지금 여기의 내 모습에서 출발한다. 내가 원하는
대로 삶을 바꿔줄 수 있는 사람은 나 자신뿐이다."

- 짐론 -

나만의 틀에서 벗어나려면, 이 우주에 나보다 더 위대한 힘이 존재하며 내가 그 힘을 인정할 때 그 힘이 비로소 내 꿈을 이루어준다는 원리를 이해해야 한다. 나만의 틀에서 벗어난다는 것은 이러한 근원적 힘이 완전하고 무한하다는 진리를 거듭 받아들이는 것이다. 또 나만의 틀에서 벗어난다는 것은 부모의 힘과 같은 근원적 힘에 비해 자신의 힘이 어린아이와 같다는 점을 인정하는 것이다. 어린아이는 자기가 모든 것을 안다고 여긴 나머지 더 멀리 내다보는 부모의 최선의 조치를 거스르는 경향이 있다. 우선 ,나만의 틀에서 벗어나려면 마음에 들지 않는 대상을 나쁜 것으로 평가하는 것을 멈추고 마음을 열어야 한다. 이것은 상황과 조건에 구애받지 않고 어디에서나 가능하다.

나만의 틀에서 벗어난다는 것은 의식 속 현상으로 태도에 관한 것이지 무언가를 실행하는 차원이 아니다. 그러므로 이 장은 우주의 법칙을 더욱 잘 이해할 수 있도록 안내할 것이다. 근원적 힘을 인정하면 더 큰 믿음을 바탕으로 삶을 창조해 나갈 수 있기 때문이다.

놓아주고 받아들여라

이것이 마법의 공식 제3단계의 핵심이다. 제3단계의 중요한 두 가지 구성요소는 기술과 자기 관리다.

여기서 기술이란 놓아주는 기술을, 자기 관리란 놓아주기를 저지하는 인간 성향에 대한 관리를 의미한다. 놓아주는 기술은 비교적 터득하기 쉬운 편이다. 하지만 타고난 인간 성향 때문에 실제로 기술을 실천하기란 다소 어려울 수 있다. 인간 성향이란 각자의 참 모습과 내면이 진심으로 원하는 것에 집중하지 못하도록 주의를 어지럽히는 의식 상태와 본성을 말한다. 이러한 '끌어당김 방해자'를 이해하고 자기 파괴 예방법을 터득할 때 우리는 우주가 선사하는 무한한 풍요를 향해 마음을 열게 된다.

끌어당김 방해자

"현재, 지금에 살아야 한다.
지나간 과거에 대한 후회는 아무런 도움이 되지 않는다.
나중에 행복해지는 것이 아니다.
지금 이 순간에 행복해 져야 한다."

- 짐론 -

자아(自我)

의식은 곧 당신의 자아다. 자아에 의지하여 살아가는 당신은 단지 오감만을 활용한다. 물리적, 감정적, 정신적, 심리적 관점을 기준으로 매 상황에 반응하는 것이다. 자아를 인정하며 자기 관리를 하려면 우선 자신이 보이는 것보다 더 훌륭한 존재임을 인정해야 한다. 당신은 분명 크고 위대한 무한 에너지의 일부이기 때문이다. 생활하다 보면 현실 속에서 외롭거나 두려울 때가 있다. 그럴 때는 정신과 신체, 논리와 운명을 뛰어넘는 훨씬 더 위대한 힘에 접근할 수 있음을 기억하라. 이 점을 기억한다면, 제3단계 기술을 이용하여 훨씬 더 큰 힘과 소통할 수 있다.

감정

우리는 누구나 감정 에너지를 품고 있고 이를 이용할 수 있다. 하지만 여전히 많은 이들이 감정 반응을 유리하게 활용하는 방법에 대해 잘 모르고 있다. 인간 성향에 비추어 보면 상황은 두 가지다. 감정이 우리를 지배하거나 우리가 감정을 통제하려 하는 것이다.

제한적 믿음 체계

우리는 저마다 이전부터 진실이라고 간주해 온 믿음을 품고 있다. 하지만 믿음이 모두 진실은 아니다. 믿음은 단지 우리가 물려받았거나 채택한 것이다. 우리는 이러한 믿음에 기초하여 살아가면서 체험하거나 소유하게 될 대상의 경계와 한도를 정한다.

주변에서 흔히 관찰되는 제한적 믿음 체계는 이러하다. '나는 아직 충분히 유능하지 못해.', '난 정말 문제야.', '난 완벽하지 못해.', '나는 사랑받지 못하고 있어.', '나는 사랑받을 자격이 없어.', '(사랑, 돈, 시간 등이) 충분하지 않아.', '공짜는 없어.', '난 그럴 자격이 없어.', '난 하찮은 존재야.'

이러한 제한적 믿음은 모두 선언적 진술이다.

이 선언적 진술은 믿음 체계와 관련된 커다란 에너지를 갖는다.

결국 이러한 선언을 내면에 품고 있다면 삶 전반에 퍼지는 부정에너지의 파괴력은 상상 그 이상이다.

함께 갈 수 있지만
대신 갈 수 없는 길

"그대 자신의 진정한 자아를 탐구하라.
다른 누구에게도 의지하지 말고
오직 홀로 스스로의 힘으로 하라.
이 길은 당신만의 길이며 그대 혼자 가야할
고유하나 길임을 기억하라.
비록 다른 사람들과 함께 걸을 수는 있으나
어느 누구도 그 길을 대신 가 줄 수 없음을 기억하라."

- 짐론 -

이것은 자신만의 여정이다. 물론 그 여정에 도움이 될 만한 훌륭한 스승이나 자료들도 있지만 당신만이 이 여정에 임할 수 있다. 그 누구도 당신을 대신해 이 여정에 참여할 수 없다. 최고의 조언은 생각보다 느낌을 더 신뢰하라는 것이다. 당신의 느낌을 믿어라. 그리고 직감을 거듭 단련하라. 당신 내면의 목소리에 귀 기울일 때 그 모든 것이 눈앞에 펼쳐질 것이다.

여기서 말하는 내면이란 무한한 힘을 가진 에너지를 뜻한다.

묵상

묵상이란 생각하고 느끼는 과정의 반복을 뜻한다. 묵상은 내면 탐구의 한 가지 방식이다. 우선 묵상할 대상이 있어야 한다. 책이나 오디오 프로그램, TV, 영화, 수업, 대화 등 당신의 생각을 활성화시킬만한 것이면 무엇이든 좋다. 새로운 아이디어가 제시될 때 생각은 활기를 띠는 법이다. 먼저 생각의 대상을 찬찬히 살펴보라. 그리고 자신이 생각에 동의하는지, 반대하는지, 아니면 결정을 내릴 수 없는지 확인해 보자. 자신의 마음과 직감에 계속 집중하라. 그런 다음 이렇게 물어보라. 이 생각과 아이디어에 대한 내 느낌은 어떠한가? 그 느낌이 좋은가, 편안한가, 위안이 되는가, 진실이라고 여겨지는가? 그 생각 때문에 기분이 나빠지는가, 거슬리는가, 마음이 어수선한가, 정확하지 못하다고 느끼는가, 그릇되었다고 여기는가? 생각에 대한 자신의 느낌을 살피면서 평가는 멈춘다. 아무런 사심 없이 묵상 대상에 집중할 수 있는 마음의 공간을 마련하자. 또 옳거나 그르고 맞거나 틀리다는 개념은 제쳐 두자. 자신만의 방식으로 생각하고 느끼면서 생각과 아이디어에 대해 거듭 묵상해 나간다면, 무엇이 자신에게 맞는 진리인지 깨달을 수 있다.

우리 모두는 무한한 에너지의 일부이다

한 가지 피할 수 없는 사실은 우리가 인간이라는 점이다. 인간이기 때문에 자아와 감정, 애착, 제한된 믿음이라는 최대 난관에 부딪힐 수밖에 없다. 이것은 부인할 수 없는 사실이다. 하지만 그렇다고 해서 자기 식대로 꾸려가는 삶이 좀 더 수월할거라고 생각하면 오산이다. 상황에 내몰린 무력한 희생양과 같은 기분으로 살아가는 삶은 결코 순탄할 수 없다. 오히려 자신의 참된 힘을 파악하고 인정하며 그 활용법을 제대로 익혀 나갈 때 인생은 좀 더 수월해진다. 우리는 저마다 자아 중심의 나(Me)와 인지하는 나(I)의 모습을 지닌다. '자아 중심의 나'는 삶 속에서 주변 환경에 반응하고 응답하는 내 모습이다.

반면 '인지하는 나'는 자아 중심의 내가 살아가는 모습을 관찰한다. 또한 자신의 행동과 느낌, 생각을 인지하는 한편 내가 품고 있는 동기와 성취하고자 하는 것에 대해서도 알고 있다. 이처럼 인지하는 나는 자신의 목격자로서 선택은 물론, 의식과 무의식까지 인지하게 하게 한다.

자아를 인지한다는 것은 인식을 확장시켜 나가는 여정과 같다.

사실 자아는 인간을 구성하는 요소들 중에서도 매우 흥미 있는 부분이라 할 수 있다. 자아로부터 우리는 다른 사람과 뚜렷이 구별된다. 자아는 고유성과 개별성, 독창성, 책임감과 더불어 돋보임과 모범됨, 명성, 인정받기를 지향하는 영역이다. 동시에 자아는 자신에게 영감을 불어넣고 행동을 취하도록 동기를 부여하며 소망을 이루고자 원하는 영역이다. 이처럼 다양한 자아의 자질이 내면의 목표와 연결될 때 제 역할을 다할 수 있는 것이다.

우리는 다른 사람과 비교하면서 자아를 인식해 간다. 그 바탕에는 모든 부와 명예 그리고 성취 같은 일련의 특권들이 제한적이라는 인식이 깔려 있게 마련이다. 결국 사람들과의 관계를 깨뜨려서라도 무조건 이기고 싶게 만들어 버린다. 다른 사람보다 자신이 더 우월하다고 생각하면서 자부심을 느끼기 위함 일 수도 있다. 내면의 충만함 대신 겉으로 드러나는 명예나 인정을 얻으려고 할 것이다. 그 결과

과도한 소유욕이나 지배욕에 사로잡히는 것이다. 이러한 심리는 부가 제한적이라는 생각에서 비롯된다. 무엇보다 충분함을 믿지 못하기 때문에 더 요구하고 원하게 되는 것이다.

이제 자신이 무한한 공급원인 에너지의 일부라는 것을 인정해야 한다. 뿐만 아니라 만물은 언제나 풍요롭고 모든 것이 충분하다는 분명한 진리를 명심해야 한다. 이러한 진리를 인정할 내면의 만족감에서부터 동기가 발휘되기 때문이다.

그렇다. 모든 것은 언제나 충분하다. 이처럼 영혼과 자아의 협력이 순조롭게 이루어지면, 참된 자신의 모습과 세상을 살아가는 방식을 보다 폭넓게 정의하고 통합시킬 수 있다.

당신은 어떤 사람입니까?

이 과제에 참여하는 동안 당신은 자아와 마주할 것이다. 뿐만 아니라 지금까지 알고 있던 범주보다 더 넓게 자신의 성향도 더 인식하게 될 것이다.

내가 생각하는 내 모습과 내 모습이 아닌 것들을 인정하고 터놓는 과정에서 여러 복잡한 내적 문제로부터 벗어나게 된다. 이제 자기 수용의 길로 한 걸음 더 다가서므로 변화에 힘을 불어넣어 보자.

다음은 빈칸 채워 넣기 문제다. 의식의 흐름에 따라 자유롭게 생각나는 말을 적어보자.

첫 번째 문장

나는 ________한 사람으로 여겨지길 원한다.

[예]
- 영리한
- 믿을 만한
- 책임감 있는
- 완벽한
- 유능한
- 좋은 친구
- 좋은 경청자
- 능력 있는
- 진실한
- 성공을 거둔
- 지적인
- 강한
- 존경받을 만한
- 인정받을 만한
- 사랑받을 만한
- 훌륭한 리더
- 인정받는 세력가

- 축복받을 자격이 있는
- 관대한
- 자애로운
- 사려 깊은
- 평범한
- 멋진
- 재미있는

[파트 2] 내 모습에 대해 생각하고 적어보기

두 번째 문장

나는 ________한 사람으로 여겨지길 원치 않는다.

[예]
- 이해할 수 없는 괴짜
- 겁쟁이
- 까다로운
- 권위적인
- 망나니
- 너무 심각하고, 유별나고, 감정적인
- 타인에게 강압적인
- 불합리한

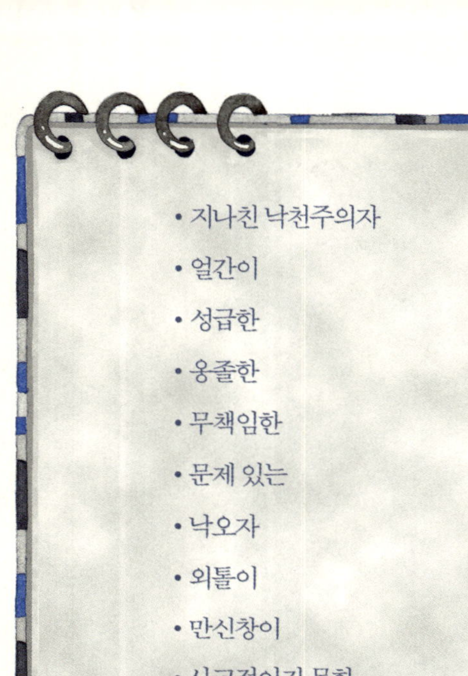

- 지나친 낙천주의자
- 얼간이
- 성급한
- 옹졸한
- 무책임한
- 문제 있는
- 낙오자
- 외톨이
- 만신창이
- 사교적이지 못한
- 실패자
- 고독한
- 우울한
- 한심한
- 호들갑 떠는
- 비관적인
- 어리석은
- 무능한
- 개성 없는

[파트 3] 생각과 느낌 기록하기

파트 1과 2를 다 마쳤으면 여유로운 시간과 장소를 택해 자신의 응답을 묵상해 보자. 묵상은 생각하고 느끼는 과정의 연속이다. 아래의 여러 가지 질문을 참고하면 묵상을 좀 더 원활히 진행할 수 있을 것이다.

나는 무엇을 입증하려는 것인가?

1.

2.

3.

4.

5.

나는 입증된 내 모습을 누구에게 보이고 싶은 것인가?

1.

2.

3.

4.

5.

현재의 내 모습이 내가 받고 싶던 평가와 다른 상태라면?

1.
____
2.
____
3.
____
4.
____
5.
____

그 표현이 의미하는 바는 무엇인가?

1.
____
2.
____
3.
____
4.
____
5.
____

[파트 4] 나는 _______하지 못하다

이어지는 내용은 나의 모습을 받아들이는 연습이다. 지금까지 의
도적으로 저항해왔던 모습들이지만 있는 그대로 받아들이고 나면 오
히려 저항은 매우 약해질 것이다. 어쩌면 당신은 어떤 특정한 모습으

로 인정받기 위해 애써왔을 수 있다. 이것은 당신에게 있어 부족한 부면일 수 있는데 채우기 위한 내면의 본능적 행동으로 이해할 수 있다. 예를 들어 '나는 언제나 약속을 잘 지키는 사람으로 보여지고 싶다' 라는 니즈는 자신이 애써 집중하지 않으면 쉽게 약속을 잊거나 약속을 자주 변경하고 싶은 충동이 느껴지곤 하는 자신을 잘 알고 있기 때문일 수 있다는 의미이다.

다른 사람들에게 인식되고 싶은 내 모습을 묵상했다면 선언형 문장으로 변환시켜 보고 그 사실을 받아들여 보자. 이렇게 함으로써 저항의 기운을 놓아버리게 되는 성과를 가져다 줄 것이다. 이 방법이 얼마의 효과를 발휘하는지 시도해 보라. 해방감을 맛보게 될 것이다!

A. 이제 솔직한 나를 만나는 시간이다. 지금까지 자신이 품고 있던 내면의 '나' 에 대한 평가를 밖으로 꺼내보자. 단, 다른 사람에게 보여 지는 것과 같은 외적인 부면에 관한 것들이다.

나는 ________하지 못하다.

[예] • 나는 충분히 영리하지 못하다.

• 나는 믿음직하지 못하다.

• 나는 신뢰할 만하지 못하다.

• 나는 완벽하지 못하다

• 나는 유능하지 못하다.

• 나는 좋은 친구가 되지 못한다.

• 나는 좋은 경청자가 되지 못한다.

• 나는 성공을 거두지 못하다.

• 나는 능력이 없다.

1. ____

2. ____

3. ____

4. ____

5. ____

[파트 5]

파트 4번과 같이 지금까지 자신이 품고 있던 내면의 '나'에 대한 평가를 밖으로 꺼낸다. 단, 남들은 알지 못하는 나만의 내적 성품에 관한 것들이다.

나는 _______ 이다.

[예] • 나는 까다로운 사람이다.

　　　• 나는 권위적인 사람이다.

　　　• 나는 너무 심각하고, 유별나고, 감정적인 사람이다.

　　　• 나는 겁쟁이다.

　　　• 나는 타인에게 강압적인 사람이다.

　　　• 나는 불합리한 사람이다.

　　　• 나는 지나친 낙천주의자다.

1. _______________________________________

2. _______________________________________

3. _______________________________________

4. _______________________________________

5. _______________________________________

[파트 6] 더 깊은 자아 탐험

선언형 문장을 만들어 보았다면 이제 자아를 조금 더 자세히 탐구해 보자. 이 과정에서 어떤 기분을 느끼는지 관찰해 보기 바란다. 어쩌면 나와 내 삶에 완전히 새로운 질문을 던지는 자아를 발견하게 될 수도 있다. 이러한 자아 탐구는 그 내용 자체만으로도 충분한 가치가 있다.

1. 이 문장들처럼 내가 정말 그런 사람일까?

2. 각 문장을 의문형으로 바꿔 탐구해 보자.
   [예] 나는 정말 권위적인 사람이었을까?

3. 문장에 '가끔씩' 이라는 단어를 넣으면 어떻게 될까?
   [예] 가끔씩 내가 좋은 친구가 되지 못한다면?

4. 문장에 '아직까지는' 이라는 단어를 넣으면 어떻게 될까?

 당신이 마음껏 기적을 빚어낼 수 있도록

자아를 보완하는 목표의식을 포착하라

우리가 저마다 고유한 지문을 가지고 있는 것처럼 내면의 영혼 역시 저마다 고유한 특성을 지니고 있다. 내면의 영혼은 개인마다 다른 열정과 자기표현의 욕구를 가지고 있다.

그 영혼으로 부터 어떤 식으로든 타인에게 영향을 미치며 살아가고 있다. 이제 고유한 영역으로서의 영혼이 자신의 목표를 알고 충분히 표현할 방법을 찾았다면 인생 여정의 문을 막 통과한 것과 다름없다. 의식도 완전히 새로운 삶의 방식을 받아들일 수 있도록 한껏 팽창되어 있다. 이제는 더 큰 만족감을 얻게 될 또 다른 삶의 방식을 찾은 것이다. 높은 목표의식에서 비롯된 팽창 에너지에는 사랑과 기쁨, 창조성, 감사 등의 에너지가 포함된다. 반면 자아는 두려움, 분리, 제한, 부족함 등의 에너지와 함께한다. 결국 목표의식이 뚜렷하고 탄탄하게 설정되어 있는 한 삶 속에서 자신을 표현하거나 관리하는 일은 더 쉬워질 수밖에 없는 것이다.

자아 vs 목표의식

자아와 목표의식에 기초한 삶을 조금 더 쉽게 파악해 보자.

자아	목표의식
만족할 줄 모른다. 끝없이 더 많은 것을 원하고 집착하며 돈과, 명예를 갈구한다.	충만감과 경외심, 감사, 겸손으로 마음이 벅차오른다. 간혹 이 벅찬 감정을 전부 감당할 수 없다고 느낄 때도 있다.
얻거나 취하려 한다.	나눠주고 공유하거나 권하려 든다.
스트레스, 불만, 두려움에 시달린다.	과중한 업무와 수면 부족에 시달릴 때조차 힘이 넘친다.
개인적 업적을 쌓고 싶어 하고 그에 따른 명예나 인정을 받아내려 한다.	다른 사람들과 소통하고 그들에게 도움을 주고 싶어진다.
자신이 하거나 하지 않을 일을 까다롭게 골라낸다.	일 자체에 크게 개의치 않고 그저 봉사하고 싶어진다.
필요하지 않더라도 원한다.	무언가를 원하는 것이 아니라, 목표의식이 나을 당기고 있다.
머리로 느낀다.	종종 마음으로 고차원적 목표의식을 느낄 수 있다.
언제나 불안하다.	평안하다.

목표의식과 자아는 어떻게 다를까? 친구와의 사이로 예를 들어보겠다. 당신이 만약 자아 중심적 사고를 가진 사람이라면 상대가 먼저 자신에게 연락을 해야 한다거나 사과 역시 먼저 하기를 기다린다. 자신만의 관점에 사로잡혀 상대의 입장을 고려해볼 여유가 없다. 결국 깊은 유대관계를 나누는 우정을 이룰 수 없을 것이다. 반면 목표의식에 기반을 둔 벗이면 상대의 감정을 존중한다. 비록 자신의 감정이 상하게 될 수 있는 상황에서도 관계 회복을 위해 애쓰게 되는 것이다. 자존심을 앞세우기보다 먼저 연락을 취하고 상대의 어려움을 이해하려 애쓴다. 자아 중심적 벗은 현재의 관계를 통해 무언가를 얻기 위해 반응하려 하지만, 목표의식이 있는 벗은 장기적 관계 유지를 우선 고려하게 된다. 불쾌한 감정이나 오해, 의견 충돌 등 관계에 어려움이 닥칠 때 자신이 먼저 우정을 나누며 채워질 수 있다고 믿기 때문이다.

목표의식을 파악할 수 없다면

자신의 최종 목표를 아는 사람들은 많지만, 그 목표를 실현하는데 필요한 도구를 알지 못하는 사람도 많다. 소망이 무엇인지는 알지만 아직까지 그 다음 단계를 밟아보지 않은 사람들, 적극적으로 목표를 표현해 본 적이 없는 사람들도 많다. 결국 목표가 있지만 장기적 관리라는 측면에서 사실상 무용지물과 같아지게 만다.

당신의 목표가 인생을 충분히 포용하는 여성의 본보기 되기라고 가정해 보자. 당신은 가족과 더불어 충만한 삶을 살고 싶다. 그러나 현실은 그리 녹녹치 않다. 아이들과 함께 있을 때는 쌓아둔 빨랫감이나 마감해야 할 업무 보고를 생각하며 오랜 시간을 소비해 버린다. 그런가 하면 직장에서는 아이들과 충분히 놀아주지 못한 것 같아 죄책감을 느끼며 시간을 허비한다. '지금 할 수 있는 것을 하라' 는 맥락에서 볼 때, 지금 바꿀 수 있는 건 없지만 현재 자신의 태도만큼은 고칠 수 있다. 지금 이 순간만을 충실하게 살겠다고 다짐해 보는 것이다. 가족과 함께 시간을 보낼 때 그들과 함께하는 그 순간 자체에만 집중할 수 있다. 직장에서는 업무에 완전히 매진한다. 또한 자신이 최선을 다해 현재를 살고 있으며 현재야말로 진정한 삶이 펼쳐지는 장임을 인정하는 태도로 '할 수 있는 것을 하라' 라는 맥락을 실천할 수 있을 것이다.

물론, 내가 해야 할 집안일은 앞으로도 그대로 일 것이다. 업무 시간에 변동도 없다. 하지만 '할 수 있는 것'을 하는 것만으로 당신의 삶은 목표의식으로 고무될 것이다. 어쩌면 당신은 가족의 생계를 책임지는 가장일 수 있다. 매일같이 지불해야 할 청구서들이 날아오고 있다. 하지만 정작 당신은 비영리 청소년 지원 센터 건립을 하고 싶은 내적 소망이 있다고 가정 해보자. 우선 당신은 현재 시점에서 할 수 있는 일에 최선을 다하면서 최종 꿈이 무엇인가에 대해 가족에게 알릴 수 있을 것이다.

그 꿈이 어떻게 이루어질지 모르지만 가족과 공유할 수는 있는 것이다. 언제가 될는지 알 수 없지만 인터넷이나 그밖에 정보를 활용해 조사를 멈추지 않는다. 그리고 얼마의 시간을 활용해 비영리 단체 설립과 관련된 강좌를 찾고 들을 수 있을지도 모른다.

결국, 장기적인 목표의식을 품고 '지금 할 수 있는 일'에 최선을 다하는 것이 가장 효과적인 성공의 단면이 되어줄 것이다.

비밀은
감정의 힘에 있다

"모든 감정이 자연스럽게 분출되는 과정에서
나쁜 감정도 좋은 감정으로 변한다.
우리도 번민에서 해방될 수 있다."

- 캔데이스 퍼트 -

피할 수 없는 사실 중 하나는 감정이 목표를 실현하는 가장 강력한 도구라는 점이다. 많은 사람들은 감정을 억누르거나 감정이 자신을 지배하도록 내버려 두는 경향이 있다. 또는 감정을 회피하고 무시함으로 평정심을 유지하려고 애쓰기도 한다. 이 장에서는 삶에 적용되는 감정의 역할과 위력을 살펴보고자 한다. 자기감정과 건강하고 유익한 관계를 맺는 일이 끌어당김의 최대 요소이기 때문이다. 감정의 힘을 활용하는 정도에 따라 꿈을 실현시키는 능력의 수준은 결정된다.

감정은 인생에 있어 최대 장애물이 되기도 하지만 성공의 최고 촉매제가 되기도 한다. 하지만 현실은 분명하다. 감정에 눌린 상태로 모든 것을 포기하거나 그 힘을 활용해 해결하는 것.

이 두 가지 선택의 기로에서 보다 깊이 감정이라는 내면의 경고음에 대해 깊이 생각해 보자.

사실, 감정은 언제나 자신에게 말을 걸고 있다. 매 순간 느껴지는 느낌을 통해 꾸준하고 지속적으로 신호를 보내오고 있다. 분명한 것은 머리로 느끼는 '나' 와 내면이 느끼는 '내가' 다르다는 점이다. 내면은 감정을 통해 말을 한다. 내면은 감정을 통해 자신의 존재를 끊임없이 알리고 있는 것이다.

어떤 상황, 어떤 분위기, 어떤 사람에게 나쁜 기분이 든다는 것은 자신의 내면이 지금의 상황이나 상대가 내가 바라던 소망에 반하는 것들임을 알려주는 경고음이다. 반대로 기분이 좋다는 것은 자신의 내면이 기본적으로 소망하고 끌어당기고 싶은 것에 가까이 있음을 알려 주는 신호가 된다. 그렇게 매우 단순한 논리로 내면은 삶의 매 순간 우리를 인도하고 있다.

중요한 것은 내면의 행복한 느낌이 더 오래, 더 자주 느껴지는 것들에 초점을 맞춰 나가야 한다는 것이다. 물론 이것은 당신이 성숙하고 균형 잡힌 사회 구성원이라는 전재에서 출발된다. 우리 모두는 무한 근원에너지의 일부이다. 그 에너지의 요소 중 하나가 행복이라는 것을 인정하기만 한다면 행복이 이미 내안에 있으며 굳이 얻으려 애쓰는 것이 아닌, 발견하거나 알아채는 것에 있다는 점 또한 받아들일 수 있을 것이다. 이 모든 것을 느끼지 못하도록 가로막는 것은 당신의 생각과 감정뿐이다.

그렇다면 불쾌한 감정이 떠나지 못하게 막는 행동은 무엇일까?

비교적 답은 간단명료하다.

많은 시간과 에너지를 불쾌한 사건이나 사람에게 쏟아 부은 결과이기 때문이다. 의식적으로든 무의식적으로든 바라는 것보다 바라지 않는 대상에 집중하기 쉽다. 자신이 인식하고 제어하지 않는 한 많은 시간과 에너지를 사용하기 매우 쉽다는 뜻이다. 나쁜 일을 계속 떠올리고 불평을 늘어놓거나 자신에게 일어난 사건을 몇 번이고 되풀이 해 주변 사람에게 들려주기만 하면 되기 때문이다. 이렇게 원치 않는 대상에 집중하며 발생된 에너지는 점점 더 기분 나쁜 감정에 당신을 자주 놓이게 만들었을 것이며 장기적인 측면으로 볼 때 그와 유사한 상황을 현실로 자주 끌어오게 만들었을 것이다. 또 다른 한 가지는 감정을 억지로 밀어내려고 했기 때문일 수 있다. 부정적 감정은 나쁘다는 판단 때문에 꾹꾹 눌러 앉혀 무시하고 거부해 왔거나 내면에 가둬둔 감정이 이에 속한다.

감정을 존중하라

개인적으로 나는 강박성 과식과 폭식증을 가지고 있었다. 3년 동안 심리 치료를 받으며 내 문제를 명확히 짚어 내는 데는 매우 능숙했던 시기였음에도 말이다. 돌이켜 보면 분석을 거듭하며 머릿속 세상에서만 살고 있었던 것 같다. 문제점의 원인과 결과를 파악 하는 능력은 뛰어났지만 감정을 다스리는 문제만큼은 예외였다. 어느 날 우연히 건강한 식습관과 신체 다지기라는 강좌를 듣게 되었는데 놀라운 사실을 발견하게 되었다. 당시 나는 감정에 근거해 문제를 바라보는 학문이 논리적이지 못할뿐더러 실속 없는 이야기로 치부하는 경향이 있었다. 하지만 여러 방면의 지식과 정보를 취합한 후 나는 내 문제의 해답이 정신이 아닌 감정에 있다는 사실을 인정해야 했다.

감정이란 단순히 '어떤 기분인가요?'라는 물음 보다 큰 의미를 지니고 있었다. 아이러니 하게도 감정은 거부할수록 무력감을 더 가중되는 경향을 보인다. 과도한 TV 시청이나 게임 중독, 현실 부정과 같은 태도로 드러나는가 하면, 약물이나, 섹스중독, 도박 같은 행동으로 표현되기도 한다.

이제 나는 감정을 존중하고 표출시키는 연습을 통해 과식이나 폭식 증세에서 벗어났고 무엇보다 자유로워 졌음을 느낄 수 있게 되었다.

사람들은 감정을 감추는데 익숙하다. 물론 큰 고민거리나 슬픔, 두려움의 감정이 유쾌할 수는 없다. 그러나 정작 기분을 나쁘게 하는 주범은 감정에 자체에 대한 저항이다. 실제로 우리는 온갖 방법으로 감정을 회피하고 있다. 폭식과 흡연, 성 중독, 약물 중독, 쇼핑 중독 등은 감정을 표출하는 것이 아니다. 그것은 오히려 감정을 억누르기 위한 행동에 속하며 여타한 행동을 한 뒤에도 감정은 고스란히 쌓인다. 감정을 분출해 내기 전까지 말이다.

이제 기분이 좋을 때는, 그 기분을 최대한 유지하며 근원 에너지가 자신의 소망을 계속 끌어당길 수 있도록 해주도록 하자. 나쁜 기분이 들 때에도 기꺼이 받아들이고 감정이 방출될 수 있도록 허락해 주자. 제아무리 나쁜 감정이라도 자유롭게 흐르도록 인정해 준다면 소망을 끌어당기는 근원 에너지의 자성을 막거나 저지하지 못하기 때문이다. 자신의 감정을 평가하고 온갖 논리와 분석을 동원해 감정을 해결하려 들며 합리화와 논리로 끼워 맞추려 애쓰지 말자. 막을수록, 누를수록, 외면할수록, 나쁜 감정은 없어지는 것이 아닌 내 안에 고스란히 쌓이고 만다는 것을 기억하기로 하자.

감정에 주의를 기울이는 일은 어느 정도의 노력과 훈련을 요구할 것이다. 제한적 생각과 믿음 때문에 쳇바퀴 구역을 맴돌기도 하고 나쁜 기분의 소용돌이에서 헤어 나오지 못할 때도 있다. 하지만 꾸준히 연습할수록 자기감정을 더 잘 인식하게 됨은 분명하다. 결국, 감정 내비게이션을 내 몸의 일부처럼 능숙하게 조종할 날이 올 것이다.

끌어당김에 있어 감정의 흐름을 차단하는 가장 중요한 요소들

- 남자는 울지 않는다.
- 감정에 사로잡힌다는 것은 유약함을 의미한다.
- 나는 내 감정이 두렵다.
- 일단 감정에 빠지면 절대 헤어나지 못할 것이다.
- 일단 감정에 빠지면 제대로 생활하지 못할 것이다.
- 어떤 감정은 적절하므로 그대로 두어도 좋지만, 또 어떤 감정은 부적절하므로 받아들일 수 없다.
- 나는 화난 게 아니다.
- '화내지 말자.'
- 나는 슬프지 않다.
- '슬프지 말자.'
- '울면 안 된다.
- 감정은 해결해야 할 문제이다.
- 감정은 합리적이지 못하다.
- 머리로 생각하는 것이 더 낫다.
- 감정? 그런 것은 중요하지도 않아!

위의 예문 중 하나라도 익숙하게 들리는가?

그로부터 깨닫게 된 내용은 무엇인가?

4

저항 멈추기

감정은 있는 그대로 인정할 때 치유된다

상황에 따라 즉각적으로 느껴지는 감정은 의지를 가지고 조절할 수 없는 것처럼 여겨지곤 한다. 물론 어느 정도 일리가 있는 말이지만 '조절'이라는 단어를 '선택'이라는 단어로 교체해 이해한다면 통솔의 지휘권이 자아에 의해 결정될 수 있다. 앞서 살펴보았듯 감정은 건전하면서도 유익한 방식으로 표현될 때 치유와 자유를 가져다준다. 내면의 해답과 큰 만족도 경험할 수 있다. 자연스럽게 발생되는 감정이라는 느낌은 조정할 수 없지만 통솔은 가능한데 자신과 감정 사이의 관계에 일종의 스펙트럼이 존재하기 때문이다. 내가 감정을 조정하거나 감정이 우리를 조정하는 것으로 자기감정에 정통하지 못하다면 무의식적으로라도 감정에 휘둘리게 된다. 반면 감정을 기꺼이 받아들이면 감정을 존중하게 되는데 어떤 방식으로든 밖으로 표출되는 것을 허용하고 여지를 내어 주는 것이 된다. 감정을 조종할 때 드러나는 증상은 긴장, 스트레스, 불안 ,불면 등이 있다. 개인적으로 '쳇바퀴 증후군' 이라고 부르는 증상인데 느껴지는 감정을 부인하거나 쌓아두려는 의도에서 출발한다. 내면에서 밖으로 내보내지 못한 감정은 상황이 될 때마다 다시 되살아나 같은 패턴이 반복될 수밖에 없다. 온갖 경우의 수에 대해 생각하고 분석하며 정신을 혹사시키기 마련이다. 바로 이러한 이유에서 개인적으로 나는 이런 증상을 '쳇바퀴 증후군' 이라고 부르고 있다. 이러한 행동은 감정을 있는 그대로 느끼지 못하도록 주의를 분산시키는 방해 요소로 종종 강박이나 중독 증세로 이어지기도 한다. 자꾸만 자고 싶어지거나 무엇이든 미루고 싶어지고 상황이나 사람에게 집착 증세를 보이도 한다. 또는 감정 기복이 커지게 만들기도 한다. 후회할 행동이나 말을 하는 것으로 이어지기도 한다. 의도하지 않은 말을 내뱉고 상대를 공격하는 등 충동적인 행동을 불러오는 것이다.

결국 합리적 판단이라는 측면에서 불리한 입장에 내몰리게 된다.

이렇게 습관적으로 감정을 조정해온 사람들은 긍정적인 감정에도 같은 패턴을 보이는 경우가 많다.

앞에서도 언급했지만 자기감정과 건전하고 유익한 관계로 발전해 나가려면 대담해야 한다. 그 여정을 감당하려면 전문가의 도움이 필요할지도 모른다. 감정과 함께하는 여정이 아무리 버거울 것 같아도 감당할 수 없을 정도는 아니다. 이 여정을 통해 바랐던 것보다 더 많이 얻을 수는 있어도 감당할 수 없을 만큼 과제가 주어지는 일은 없다. 테레사 수녀가 '하느님께서는 내가 감당할 수 없는 일을 주신 적이 없지만 그분이 나를 조금만 덜 신뢰했다면 좋았을 것이다.' 라고 말한 뜻과 같다. 물론 감정적 충격이 심할 경우 한 사람이 온전히 감당하기에 처한 상황이 지나치게 버거울 수 있다. 그러나 오랜 세월 많은 현인들의 경험에서 알 수 있듯이 적절한 지원과 이해가 수반되면 대다수의 사람들은 격렬한 감정도 감당해낸다. 심각한 패배나 비극적 사건을 겪고도 훌륭히 극복하며 우리를 놀라게 한 사람들은 너무도 많다. 사람은 저마다 자신의 정신세계 속에 자기 보호체계를 갖추고 있다. 다중 인격 장애와 같은 정신질환 역시 충격으로부터 자신을 보호하려는 일종의 정신작용이다. 의지가 허락한다면 있는 힘껏 노력하여 발전할 수 있는 범위까지는 시도해 보는 것은 어떠한가? 당신이 기꺼이 도전을 감수하고 이 여정에 참여하고자 한다면 도움의 손길도 얼마든지 구할 수 있다.

작은 것부터 시작해 보자

조금만 우울해져도 저 밑바닥까지 가라앉는 것 같은 감정에 빠지곤 하는가? 슬퍼서 실컷 울었으면 하지만 도무지 눈물이 나지 않을 때가 있는가? 불안과 초조에 시달리면서 이유를 알 수 없을 때도 있다. 이것은 내면의 감정이 요란하게 경고를 보내고 있지만 정작 자신은 그 감정을 받아들이지 못하고 있을 때 나타나는 증상 중 하나이다. 현재의 감정을 거부하고 자신을 평가하려고만 든다면(넌 너와의 약속을 어겼어! 너는 무엇을 해도 안 될거야! 넌 한심해 등) 당신의 감정 에너지는 결코 긍정적 전환이 될 수 없다. 우선 친구에게 전화를 걸거나 산책길에 나서 보라. TV를 끄고 뒤뜰에 나가 봐도 좋고 개운하게 샤워를 하는 것도 좋다. 간단한 것일수록 바람직하다. 잔뜩 가라앉아 어떻게 해야 좋을지 모를 때는 거창한 동기를 품고 어떤 일에 착수하기가 어렵다. 작은 것부터 시도하자. 조금씩 발걸음을 옮기다 보면 완전히 다른 방향으로 나갈 수 있게 되기도 한다.

감정은 평가 대상이 아니다

감정은 해결해야 할 문제점이 아니라 인정해야 할(받아들이고 표현해야 할) 에너지다. 감정을 분석하거나 평가하려는 태도는 감정저항의 또 다른 형태이다. 살다보면 여러 가지 문제에 직면하게 된다.

실제로 많은 사람들이 복합적 감정을 체험한다. 슬픔과 안도, 분노와사랑, 두려움과 흥분, 우울함과 분노 등 여러 가지 감정을 동시에 느끼는 경우는 매우 빈번이 발생한다. 이러한 감정은 결코 잘못된 일이 아니다. 당신이 그렇듯 누구에게나 일어나는 감정인 것이다. 그러니 부디, 이제 그 감정을 수용될 여지를 마련하자. 그 감정들을 그저 놔두는 것이다.

꿈을 실현시켜 가는 여러 단계에서도 두려움과 무기력, 흥분과 기대, 분노와 좌절, 희망과 절망, 지루함이나 경외심 등 헤아릴 수 없이 많은 감정과 맞닥뜨린다. 이러한 제각각의 감정들도 모두 여정의 일부라는 점을 이해하길 바란다. 그리고 그 자연스러운 현상 때문에 성공으로 가는 여정을 멈추지 않길 바란다.

인간은 창조적 존재이다.
원하던, 원치 않던, 언제나 창조하고 있다.

쳇바퀴 구역

같은 생각과 제한된 믿음사이에서 끊임없이 맴돌고 있는 상태를 쳇바퀴에 비유하곤 한다. 거기에 더해 수많은 감정 에너지까지 보태져 생각은 자신을 잠식한다. 오랫동안 깊이 고민할 만큼 걱정스러운 일이었거나, 나쁜 일이었을지 모른다.

그러나 대개의 경우 습관적이거나 너무 지나치게 몰입하고 있는 경우가 많다. 우리가 살펴본 바에 따르면 이러한 감정일지라도 누르거나 외면하거나 없던 것처럼 쌓아두는 것은 바람직하지 않다.

조정보다는 통솔이라는 개념에 걸맞게 생각해 보자.

해답은 의외로 간단하니 말이다. 그렇다. 해결책은 한가지로 단축된다.

기분이 좋아지는 대상에 집중하는 것이다.

내면의 자아가 자신의 소망과 매우 가까이 있음을 알려주는 기분이 좋아지는 그 무엇이 지금 당장 실행하는 것에 해답이 있다.

내면에 잠재된 창조력을 애써 무시하기에는
상상력의 작용이 너무도 어마어마하다.

제한적 믿음 체계를
무너뜨리는 핵심 도구

"사람들은
이따금씩 과거 배운 방식 그대로
살지 않아도 된다는 사실을
깨닫고 놀라워한다."

- 앨런 케이틀리 -

우주에는 원인과 결과가 존재하지만 잘못된 해석으로 인해 제한적 성취만을 맛보기도 한다. '멋진 차가 있으면 여자들이 나를 좋아할 거야.', '돈을 더 많이 벌면 금전적 문제에서 해방될 거야.', '체중이 줄면 나도 나 자신을 사랑할 수 있겠지.'

그러나 우주에 존재하는 유일한 원인은 의식이다.

생각과 말, 행동이 모두 어우러져 실현된 것이 바로 현재이다. 그러므로 멋진 차의 소유 여부와 상관없이 여성들이 자신을 따르지 않는다고 믿으면 그런 상황은 계속된다. 자신의 믿음을 바꾸지 않는 한 상황은 바뀌지 않는 것이다. 마찬가지로 돈을 많이 벌더라도 금전적 문제가 있다고 믿으면 금전적 문제는 계속 따라다닐 것이다. 자신을 사랑하는 문제도 그렇다. 자신을 사랑스럽다고 여기지 않으면 결코 자신을 사랑할 수 없다. 체중 변화 같은 조건과는 아무 관계가 없는 것이다. 지금까지 자기고 있던 기존의 믿음 체계를 점검해 보는 것은 어떠한가?

아래 제시된 질문들에 답을 적어 본다면 자신이 가지고 있는 믿음 체제를 비교적 객관적으로 살펴볼 수 있는 계기가 될 수 있다. 이러한 질문에 답은 많은 사실을 알게 해줄 뿐 아니라 자신의 전반적인 생각과 의식 상태 파악에 도움이 될 것이다.

소망에 관한 자신의 믿음이나 느낌이 어떤지 질문해 보자.

> - 이 꿈이 이루어진다면 어떻게 될까?
> - 나에게 주변 사람들에게 그리고 내 삶에서 이 꿈의 의미는 무엇
>   일까?
> - 이 꿈이 이루어지지 않는다면 어떻게 될까?
> - 이 꿈은 나에 대해 무엇을 말해 주는가?
> - 이 꿈이 이루어지지 않는다면 그 이유는?
> - 이 꿈을 실현하려면 무엇을 놓아주어야 할까?
> - 이 꿈을 실현하려면 어떤 희생을 감수해야 할까?
> - 이 꿈을 실현하려면 어떤 식으로 성장해야 할까?
> - 이 꿈을 실현하려면 어떤 행위에 적극적으로 임해야 할까?

어쩌면 위의 질문들에 답하는 과정에서 자신도 모르는 사이 사회적 규제나 가정환경 혹은 처한 상황들로 인해 제한적 믿음에 갇혀 있던 자신을 발견했을 지도 모른다. 만약 이 경우에 속한다면 아래 4가지 해설에 따라 다음 장에 제시된 시트지 안에 답을 적어봐야 할 것이다.

첫째, 먼저 A열을 작성한다. 자신의 꿈이 이루어지지 않는 이유를 생각하며 줄곧 마음속에 품어왔던 모든 이유를 몰아내라. 지금이야말로 꿈이 실현되지 못하도록 가로막거나 그저 단순히 마음에 품어왔던 이유와 변명, 믿음, 생각을 마음에서 쫓아버릴 때다. 한 칸에 한 가지씩 이유를 적어 보라. 2단계로 넘어가기 전에 최선을 다해 내용을 채워 넣어라. 워크시트는 필요한 만큼 얼마든지 더 만들어도 좋다.

둘째, A열을 다 채우고 나면 B열로 넘어가자. 이 열에서는 앞서 작성한 각각의 이유와 관련된 잠재적 두려움을 적어보라. '나는 ___ 할까 봐 걱정돼.' 혹은 '나는 ___이 두려워.'라는 형식에 맞춰 적으면 된다. 이렇게 하는 까닭은 단순한 마음 씻어내기가 아닌 감정 몰아내기의 의미도 지니기 때문이다. 제한적 믿음 체계를 무너뜨리려면 제한적 믿음을 계속 유지시키는 두려움부터 전환시켜야 한다. 두려움을 한쪽으로 제쳐 두려면 우선 두려움을 받아들이고 인정함으로써 존중해야 한다. 나는 ___할까 봐 걱정돼. 나는 ___할까 봐 걱정돼. 나는 ___할까 봐 걱정돼 하고 되뇌어 보라.

두려움이라는 감정에 정면으로 맞서 이를 내보낼 수 있을 것이다.

장담컨대 각각의 이유 저변에는 반드시 두려움이 한 가지씩 자리하고 있을 것이다. 흥미로운 부분은 바로 이것이다. 이 과정을 거치다보면 내용이 반복된다는 사실을 알아차리게 될 것이다. C열로 넘어가면 이러한 현상이 더욱 두드러질 것인데, 그 이유는 지금껏 당신을 그토록 괴롭혀 왔던 이유가 그리 많지 않기 때문이다. 일반적으로는 단 한 가지에 불과하거나 많아봐야 몇 개 되지 않는다. 이러한 이유와 두려움 그리고 제한적 믿음이 다양한 방식으로 삶에 영향을 미쳐온 것이다. 실제로 장애 요소가 몇가지 되지 않았다는 사실을 알고 난 이후 본질적인 문제(겉으로 드러나는 징후가 아닌)에 집중할 수 있게 도울 것이다.

셋째, B열을 모두 작성하고 반복 패턴을 확인했다면 이제 C열로 넘어가자. C열에서는 꿈이 이루어지지 않는 이유와 두려움에 대해써 넣는다. 두려움의 요소 하나하나에 해당하는 생각을 적어야 한다. 잠재적 믿음을 적을 때는 '나는 ___라고 믿는다.' 라는 형식에 맞추면 된다. 무엇을 써 넣어야 할지 모르겠다면 일단 넘긴 이후 다시 확인해 볼 수 있다. 두려움 자체를 좀 더 자세히 살펴보기 바란다.

대개는 두려움 이면에 또 다른 두려움이, 그리고 그 이면에는 또 다른 이유의 두려움이 자리하기 마련이다. 이렇게 자세히 분석하다 보면 이전에는 파악하기 어려웠던 믿음이 실체가 드러나게 된다.

제한적 믿음에 돌파구를 경험하기 시작할 때가 바로 이 부분이다.

처음엔 반복 패턴을 알아챈다. 세상에는 수많은 제한적 믿음이 존재하지만 정작 자신의 삶을 좌우했던 문제가 단 하나 내지는 몇 가지에 불과했다는 사실을 발견하면서부터이다. 그리고 그 동안 이러한 믿음을 렌즈 삼아 자신의 모습은 물론 이 세상을 바라보고 있었다는 사실도 깨닫게 된다. 누군가는 '아' 라는 탄식과 함께 안도감을 느끼기도 할 것이다. 다시 말해 그 동안 큰 의미를 부여해 왔던 생각이 모두 진실은 아니었음을 깨닫게 된 것이다.

넷째, C열의 마지막 칸까지 모두 채워 넣고 나면 D열로 넘어간다.

이 열에서는 각각의 제한적 믿음과 관련된 긍정적 사실을 적는다. D열의 목표는 이 순간부터 내가 사용할 생각의 주문을 찾아내는 일이다. 그리고 이 주문은 꿈을 좇는 과정 중 두려움에 직면할 때 해독제로 활용된다. 앞서 소개한 자기 긍정에 관한 내용을 다시 한 번 읽어보면 D열을 작성하는 데 도움이 될 것이다. 꿈을 이루지 못하는 이유와 그에 따른 두려움, 믿음이 포함된 각각의 열에 대해 긍정적 사실 내지 자기 긍정의 말을 생각해 보아야 한다. 기꺼이 시도해 보겠다는 적극성이 담긴 실제로 받아들일 수 있는 긍정적 진술임을 알게 될 것이다. 또한 이 과정에서 목표를 이루기 위한 버팀목 역시 몇 가지 요소로 이뤄져 있었음을 알게 될 수 있을 것이다.

워크시트를 한 번에 한 열씩 세로로 채워나가라.

한 열을 다 채우지 못하고 다음 열로 넘어가는 일이 없도록 한다.

	A 꿈이 이루어지지 않는 이유	B 잠재적 두려움	C 잠재적 믿음	D 긍정적 사실
❶				
❷				
❸				
❹				
❺				
❻				
❼				
❽				
❾				

 당신이 마음껏 기적을 빚어낼 수 있도록

찬찬히 살펴보라. 이것은 당신의 꿈이다. 이제 그 꿈을 훼방 놓는 제한적 믿음을 제거하고 무너뜨려 나갈 것이다.

보통 마음 씻어내기 과정을 진행한 뒤 피곤함을 느끼는 사람이 있는 반면, 알 수 없을 만큼 강력한 열정과 생기를 느끼는 사람도 있다. 결과가 무엇이든 간에 이 과정을 마친 당신은 빛나는 발전으로 이어질 것이다. 과정을 통해 내면의 에너지와 의식이 완전히 전환되었으며 이전에는 어쩔 줄 몰라 전전긍긍했던 내면의 두려움의 실체도 알게 되었기 때문이다.

종합적으로 제4단계를 저항 멈추기는 제한적 믿음의 경계에 기초하고 있다. 기억하자. 제한적 믿음은 끌어당김의 최대 방해꾼이다. 자신의 제한적 믿음을 관리하라. 무한한 가능성이 자기 모습을 드러낼 것이다!

먼저 놓아주고
더 큰 것을 요구하라

"사람들은 저마다
무언가 잃지 않으려고 발버둥 친다.
하지만 가장 값진 것은
놓아줄 때 얻는다."

-존 실리 브라운-

전화를 걸 때마다 존은 심한 스트레스에 시달렸다. 그도 그럴 것이 지난 4개월 동안 은행들이 그의 대출 신청을 모조리 거절했다. 단순히 긴장이란 말로는 표현되지 않는 상황이었다. 걸려 있는 문제도 너무 많았다. 그는 집을 팔고 가족의 거처를 다른 주로 옮겼다. 그리고 온 힘을 다해 절약했다. 이 모두가 꿈꾸는 사업을 시작하고 안락한 삶을 영위하기 위해서였다. 존은 6개월 동안 모든 수단을 동원하여 만반의 준비를 갖춘 뒤 과감히 사업에 뛰어들었다. 불가능할 것만 같았던 일생일대의 꿈이 이루어지는 듯했다. 하지만 꿈이 산산 조각난 건 한 순간이었다.

새 출발을 위해 존의 가족이 다른 주로 이사했을 때부터 불행은 시작되었다. 우선 담보 대출과 융자계약이 무산되었다. 대출업체는 본성을 드러냈고, 부동산 중개업자는 너무도 무능했다. 판매인 측 변호사의 성가신 전화는 이미 일상이 된지 오래였다. 새로 시작한 사업에 집이 담보로 묶여 있었기 때문에 존과 그의 가족은 집이 없는 상태나 다름 없었다. 호텔에서 생활하며 평소 누리던 사회 보장 지원과도 단절된 가족들의 스트레스는 날이 갈수록 심해졌다. 보험 혜택도 더 이상 적용받지 못했기 때문에 아이들이 아파도 속수무책이었다. 계약이 성사되면 갚기로 했던 친척들과 친구들의 빚 문제 역시 커다란 문제였다. 어떻게 일이 이 지경에 이르렀을까? 존은 잘못한 것이 없다. 마치 깨어날 수 없는 악몽에 빠진 듯 했다.

존은 대출금이 필요했다. 그것도 당장 말이다. 대출 문제만 해결되어도 모든 것을 제자리로 되돌릴 수 있을 것 같았다. 결국 존과 그의 아내는 새 대출 신청과 대출 승인 여부에 더욱 필사적으로 매달렸다. 대출 신청은 이들에게 평화를 가져다주는 근원이었다. 대출업자들은 부부가 쉽게 대출을 받을 수 있다고 매번 장담했다. 그도 그럴 것이 존 부부는 서류상 아무런 문제가 없었다. 대출 신청을 할 때마다 존은 온 신경을 쏟았고 대출업자의 호언장담에 힘을 얻었다. 하지만 잇달아 대출은 거부됐다. 존은 절망에 빠졌다. 그는 당장 대출금이 필요했다. 일이 잘못되어 집도, 직업도, 미래 계획도, 친구도 없이 모든 걸 다시 시작해야 하는 상황이 두려웠다. 이 경우 가족이 겪어야 할 고통은 더 큰 무게로 그를 누르고 있었다.

다행히 존은 아내와 원만한 관계를 유지하고 있었고 힘겨운 상황이지만 내면의 근원 에너지를 놓지 않았다. 이들은 고립된 느낌이 들 때마다 고차원적 에너지에 마음을 열고 내면의 자신을 돌보았다. 괴롭고 힘든 어떤 감정이라도 존중해야 함을 알고 있었기에 감정의 힘을 활용하는데 끈질기게 대처했다. 그러자 어느 정도의 안도와 안정이 찾아들었다. 현재의 상황을 현실적으로만 바라보게 되는 상황에서 보다 고차원적인 진실이 존재할 것이라는 믿음으로 적극적으로 취하려 애썼다. 대출만이 유일한 해결책이라 여기고 수개월간 대출 승인 여부에 지나치게 촉각을 곤두세웠던 존 부부는 결국 모든 것을 놓아 주기로 결심하기에 이르렀다. 대출이 승인되지 않는다면 결국 되지 않을 일이었다는 사실을 마음 깊은 곳에서부터 받아들이기 시작한 것이다. 대출금이 그들의 무한에너지는 분명 아니니 말이다. 이렇게 고통의 시간을 보내고 모든 것을 내려놓았을 때 비로써 대출이 승인되었다는 한통의 전화가 걸려왔다. 의도했던 것도, 그렇다고 애써 커다란 의미를 부여하지는 않는다. 그렇지만 그들 부부에게는 그 때의 경험이 인생 전반에서 무엇보다 소중한 살아있는 경험이 되었다.

집착에서 벗어나기

존의 일화는 집착과 관련된 흔한 문제를 시사한다. 우리는 특정인물이나 사물, 조건 등이 자신의 근원이라고 믿을 때 그 대상에 집착하게 된다. **문제는 자신의 내면 에너지가 아닌 외부의 특정 대상을 근원으로 여긴다는데 있다. 자신이 아닌 외부의 어떤 대상을 근원으로 삼게 되면 언제나 분리된 느낌을 경험하게 될 수밖에 없다.** 내면의 근원 에너지는 그 대상을 끌어당기는 반면 외부의 대상은 언제나 자신과 분리되어 있을 수밖에 없기 때문이다. 결국 자신이 간절히 원하더라도 소유하거나 하나로 융합될 수 없는 대상을 끝없는 갈망으로 원하고 마는 것이다. 한마디로 그 대상 앞에 언제나 분리라는 전제가 존재하므로 떨어질 수밖에 없는 것이다. 해답이라고 단정 지어버린 대상(사람이 아닌 어떤 결과도 포함)에 집착 하는 순간 당신은 우주의 무한 에너지를 가차없이 차 버리는 셈이다.

사실 끌어당김의 신비로운 힘은 언제나 당신이 필요로 하거나 소망하는 것 그 이상을 내어준다. 만약 '나는 대출금을 원해.' 라고 말하면 끌어당김의 법칙에 따라 소망한 대출금만이 당신에게 허용될 것이다. 비록 우주가 당신의 복권 당첨을 계획하고 있더라도 말이다. 반면 대출금에 연연하지 않고 우주로 하여금 최선의 해답으로 당신을 안내하도록 허용한다면 생각지도 못했던 해결책이 주어질 수 있다.

당신이 무인도에 갇혀 동굴에서 생활한다고 가정하자. 난파선에서 찾아낸 쌀로 하루하루를 연명하고 있다. 쌀이 떨어지자 난파선들 사이를 미친 듯 오가며 절규하기 시작한다. '쌀이 더 필요해. 쌀을 찾아내야 해! 이 난파선들 어디엔가 쌀이 더 있을 거야. 쌀을 찾지 못하면 난 끝장이야!' 사실 당신은 쌀을 찾아 돌아다니는 데 너무도 열중한 나머지 눈앞에 놓인 것도 보지 못했다. 폭우로 나무에서 떨어져 동굴 앞에 쌓인 열대 과일이나 새벽녘 나타나는 맛있는 코코넛 게도 당신 눈에는 보이지 않았던 것이다.

집착을 관리하는 능력은 인간 성향과 본능 의식 상태를 관리하는 능력과 밀접히 관련되어 있다. 자아(오감으로 느끼는 외적인 나)와 제한적 믿음이 바로 그 요소인데 이 요소가 주도권을 쥐게 되면 의식은 불안과 두려움 그리고 부족한 믿음 체계에 진동을 보낸다. 그리고 이 요소는 거의 매번 자신이 모든 것을 조종하려는 충동으로 이어진다. 조종과 집착의 주파수로 서로 밀접하게 연결되어 있는 이 두 가지 요소는 협력을 통해 공생한다. 가령, 두려움이나 사랑받지 못한다는 느낌이 수반되지 않고서는 혼자라는 느낌도 받지 못한다. 부족함 같은 제한적 믿음이 없다면 두려움도 느끼지 않을 것이다.

이 세상의 무한한 근원 에너지를 믿지 못하며 나 자신이 삶의 모든 주체라고 여기게 되는 경우 세상에 믿을 건 나 뿐이라는 생각을 떨쳐 버릴 수 없게 된다. 이러한 착각은 두려움을 증가시키고, 그 두려움은 모든 상황을 '내가' 나서서 컨트롤해야 한다는 마음을 불러일으킨다.

문제에 직면 했을 때 '내가' 모든 것을 해결하려 들면서 해답 또한 '내가' 결정해 버린다. 그리고 해답을 향한 집착을 시작하곤 한다. 의식은 불안과 두려움에 기초한 온갖 종류의 감정을 활성화시킨다. 여기서 오해를 할 필요는 없다. 사회적 구성원으로서 자신의 일을 책임지고 해결해 나가는 문제를 논하는 것이 아니다. 지금 우리가 다루고 있는 문제는 나보다 더 크고 원대한 우주의 무한 에너지에 관해 다루고 있기 때문이다.

부디 앞으로는 이러한 제한된 믿음이 당신을 가로막지 못하도록 자신을 들여다보고 당당히 맞서 제거하기를 바란다. 근원의 에너지는 바로 당신 자신이지 그, 혹은 그 어떤 것에 있는 것이 아니다.

본질에 집중하라! 그러면 나머지는 자연히 따라올 것이다

연습을 게을리 하지 않는다면 꿈을 향한 당신의 여정은 순조로울 것이다. 본질에 집중한다는 것은 내면 에너지에 집중하는 것과 같은 의미이다. 이것은 언제나 나의 간절한 소망을 파악하도록 안내 할 뿐만 아니라 꿈의 본질에 집중하게 만들어 준다. 소유의 방식이 아닌 상태 자체인 본질을 파악하게 하며 원하는 그 무엇이든 가질 수 있음을 깨닫는 과정이기도 하다.

새로운 도전을 맞이하기에 너무 늦은 나이란 없다.

외형적 형식보다
본질을 따져볼 때

이어지는 예시는 형식에 얽매일 때와 본질에 집중할 때의 차이점을 보여준다.

만약 당신이 멋진 차량을 소유하고 500달러 정도는 언제든 아무렇지 않게 써버릴 수 있다고 가정해 보자. 게다가 멋지고 아름다운 이성들까지 주변에 끓이지 않는다면 당신은 소위 잘나가는 성공한 사람으로 간주될 것이다. 자연히 당신도 이러한 성공의 기준에 부합하려 매달릴 수 있다. 멋진 물건들을 사들이며 희열을 느끼기도 할 것이다. 하지만 조금만 더 깊이 내면을 들여다보면 정체를 알 수 없는 공허함이 존재하고 있다. 멋진 차를 몰고 돈을 펑펑 쓰며 이성의 관심을 한 몸에 받는 등 화려한 생활에 빠져 지내지만 어느 순간 당신에게 두려움이 엄습해 온다. 사실 이성들과의 관계도 씁쓸하기만 하다. 직장에 다니고 있지만 그 일이 너무 싫다. 그러다 문득 당신은 깨닫는다. '이건 분명 성공한 삶이 아니야.'

이 시나리오는 보이는 외형에 연연하며 본질보다는 형식에 집중하는 경우를 예로 든 것이다. 만약 당신이 외형적 형식보다 본질에 집중하기 시작한다면 이성이나 멋진 차 보다 나의 내면에 더 큰 관심이 생기게 된다.

즉, 가시적인 형태를 성공의 근원으로 삼는 대신 보다 완벽한 내면의 성취에 집중하게 된다는 의미이다. 이렇게 의식이 전환되면 만족을 향한 전진을 시작했다고 볼 수 있다. 그 결과 무심결에 듣게 된 라디오에서도 영감을 받을 수 있고 우연히 누군가에게서 매우 유용한 책을 소개 받을 수도 있다. 뿐만 아니라 스승과 멘토, 각종 기회와 강좌를 발견하게 될지도 모른다. 일단 표면적 성공에 대한 집착을 벗어던지고 나면 여러 가지 깨달음에 이른다.

우선 성공이란 전적으로 내면의 문제라는 사실이다. 그리고 각자의 내면에 자리한 성공에 대한 인식이 진정한 성공을 좌우한다는 진실도 터득할 수 있게 될 것이다.

만약 당신이 경제적으로 안정된 배우자를 원한다면 고수익이 보장된 이성만을 찾을 것이다. 주변에 수많은 멋진 이성을 두고도 그들의 멋진 장점은 눈치 채지 못한다. 또는 안정되고 부유한 이성과 교제를 시작했지만 어쩐지 좀처럼 상대가 만족스럽지는 않다. 소망하던 경제적 안정을 갖춘 배우자를 얻었는데 왜 그럴까? 자신이 바라던 대상을 만났는데 말이다. 그 이유는 제한적인 대상의 기초를 만들기는 했지만 무한한 근본 에너지의 소통은 막아 놓았기 때문이다. 사실 끌어당김 법칙이 선사하는 에너지의 근원은 이미 당신을 위한 최선을 꿈을 준비하고 있었을 것이다. 당신이 소망했던 경제적으로 안정된 관계뿐 아니라 심리적 안정과 사랑까지 더불어 쏟아줄 이성을 준비했었다는 것이다. 지금 당장은 아니지만 진심으로 신뢰할 수 있는 이성을 만난 다음, 그 관계가 더욱 돈독해짐에 따라 더 의미 있는 금전적 여유가 차후에 찾아올 수도 있었을 것이다. 이처럼 구체적 대상에 대한 집착을 놓아주는 순간 당신은 우주를 향해 이렇게 외치는 셈이다. "그것도 좋지만 더 나은 게 있다면 기꺼이 받을게요!"

존은 어떻게 되었을까

앞서 대출 승인 여부에 전전긍긍하던 존의 이야기를 기억하는가? 이쯤에서 당신에게 털어놓아야겠다. 존은 내 남편 존 크리스이다. 우리 부부의 꿈은 포도 농장을 사들여 직접 와인을 생산하는 것이었다. 그렇다. 사실 그 꿈도 이루어졌다. 하지만 대출금에 연연하던 시기는 우리 부부의 인생에서 가장 기나긴 5개월이었다. 당시 우리는 모든 걸 조종하려고 들었다. 모든 일이 우리 뜻대로 돌아가게 만들려고 애쓴 것이다. 우리는 생애 최대의 실수를 만회하고 우리 자신과 어머니는 물론 동업자를 곤경에서 구해 내려 안간힘을 썼다. 게다가 여동생에게 돌아갈 유산 상속분 중 일부도 담보로 잡혀 있어 중압감이 더했다. 사업체를 유지하고 집세를 내기 위해 우리 부부가 그동안 모아둔 돈은 물론 동업자의 돈까지 끌어다 썼으니 대출이 승인되지 않으면 모든 걸 다 잃을 판이었다.

남편과 나는 당시 그 상황이 도무지 믿기지 않아 서로를 쳐다보며 이렇게 묻기 일쑤였다.

"어떻게 이런 일이 벌어질 수 있지? 우리는 둘 다 똑똑하고 유능한 사람들이잖아. 그리고 모든 사항을 전부 검토했었지. 도데체 무슨 일이 벌어진 거야?"

이렇게 절망과 무기력함을 느끼던 와중에도 우리 부부는 쉼 없이 대출업자를 찾아갔다. 그렇게 기다림의 연속과 거절은 계속되었다. 대출이 거부될 때마다 우리는 낙담했다. 결국 우리는 모두 놓아주기로 결심했다. 그리고 최선을 다해 내면의 무한한 자아의 힘과 감정, 제한적 믿음을 관리하려고 애썼다. 우리 부부의 계획은 실패했고 이제 우리 힘으로 바꿀 수 있는 것은 아무것도 없다는 현실을 받아들일 수 있었다. 그리고 신이 우리 부부를 위해 뭔가 다른 걸 계획하고 있을 테니 이쯤에서 모든 걸 놓아주기로 결심했다.

"그래요. 분명 우리 힘으로는 이 상황을 바꿀 수 없어요. 그러니까 신께서 우리를 이끌어 주세요."

그렇게 마음먹고 나니 이전 보다 수월하게 균형을 잡을 수 있었다.

5개월간의 사투 끝에 마침내 우리는 모든 걸 놓았다. 그리고 가족 모임에 참석하기 위해 텍사스로 향했다. 그로부터 5일 후, 우리는 텍사스에서 전화 한 통을 받았다. 전화를 건 사람은 우리가 마지막으로 방문했던 은행의 직원이었다. 그는 대출이 승인되었다고 말했다.

사실 대출 승인을 굳이 관련짓지 않아도 우리가 계획한 포도농장의 꿈은 무산되었을 가능성도 없지 않았다. 완전히 다른 상황에서 다른 일에 부딪혔을 수도 있었다. 하지만 어떤 일을 겪었던 이것 하나만큼은 분명했다. **"어떤 것을 잃으면 더 많은 걸 얻을 수 있습니다. 얻는 것 없이 잃는 법은 없습니다."**는 데이비드 알렉산더의 말이 참되다는 것을 말이다.

그렇다. 무한한 성질을 지닌 우주는 항상 팽창한다. 하지만 우주도 숨을 쉬기 때문에 팽창했다가 다시 수축하는 과정을 반복한다. 우주가 수축할 때는 힘든 시기가 도래하고 팽창할 때는 모든 것이 훨씬 수월해진다. 우주가 수축하는 순간을 경험하게 되면 그 순간만큼은 나를 둘러싼 인생의 모든 측면이 쪼그라드는 듯 한 상황을 맞이하게 될 수밖에 없다. 무기력해 지고 모든 것을 잃은 듯 한 절망과 마음대로 되는 게 아무것도 없다는 결론에 이르게 될 수도 있다. 반면 우주가 팽창할 때는 내면의 에너지에서 힘이 솟아오르고 무엇이든 내가 마음먹은 대로 일이 잘 풀린다. 모든 일은 순조롭게 진행된다. 우리 부부가 5개월 동안 어려운 시기를 겪었을 때처럼 당신도 우주의 수축을 경험할 수 있다. 이때 이것 하나만 기억하기 바란다.

'이 또한 지나가리라.'

그리고 나만의 틀에서 벗어나 무한한 근원에너지를 향해 마음을 열고 인간 성향과 본능, 의식 상태를 관리할 수 있다면 다시금 팽창의 순간을 체험하게 될 것이다.

수축의 시기를 잘 견뎌내는 요령은 수축 그 자체를 나쁜 것으로 평가하지 않는데 있다. 다시 말하지만 무한 에너지는 항상 선하며 당신이 가장 힘든 시기를 겪을 때조차 언제나 곁에 머물고 있다.

누구에게나 소멸시켜야 할
자신의 모습이 존재한다

"한쪽 문이 닫히면 또 다른 쪽 문이 열리게 마련이다.
하지만 때로 우리는 닫힌 문을 너무 오래 응시한 나머지
이미 열려 있는 문을 보지 못한다."

- 헬렌 켈러 -

‘나만의 틀에서 벗어나기’의 핵심은 자신을 훈련하고 노력하는데 있다. 인생은 더없는 행복에서부터 엄청난 고통에 이르기까지 그야말로 무한하다. 또 밝은 면과 어두운 면으로 이루어져 있으므로 어느 정도까지는 어두운 측면도 삶의 일부로 받아들여야 한다. 인생은 온갖 죽음과 잇단 탄생의 연속인 것이다. 새로운 것을 배우고 자신만의 방식으로 흡수할 때마다 이전의 나는 죽고 더 나은 지혜로 무장한 새로운 내가 태어난다. 이러한 의미에서 끌어당김에 방해가 되는 방식의 과거의 ‘나’를 과감히 놓아 버려야 한다. 금전적으로 자유로워지려면 가난이라는 개념에 익숙한 자기 모습을 소멸시켜야 한다. 누군가의 배우자가 되었다면 자신밖에 모르던 자기 모습을 소멸시켜야 한다. 건강하고 균형 잡힌 신체를 원한다면 그에 반하는 생활 패턴의 자기 모습을 소멸시켜야 한다.

좋은 엄마가 되고자 한다면 아이를 자신의 소유로 여기던 자기 모습을 소멸시켜야 한다. 큰 수확을 경험하려면 상실 그 자체를 존중해야 할 것이다.

나만의 틀에서 벗어나기는 마법의 공식 중에서도 가장 어려운 부분이다. 이 단계에서는 자기 자신을 상대해야 하는데다 좀체 자신의 틀에서 벗어나기가 쉽지 않기 때문이다. ‘어디로 가든 그곳에 당신이 존재한다.' 라는 말을 들어 본 적이 있는가? 나만의 틀에서 벗어나는 과정을 표현한 글이다.

간신히 틀에서 벗어나났다고 생각했지만 얼마 지나지 않아 또다시 예전의 나를 발견하곤 할 것이다.

나만의 틀에서 벗어나기란 너무나 까다로운 과정이기 때문이다. 이때 누군가의 도움을 받을 수 있다면 새로운 시각과 완전히 다른 관점, 그리고 새로운 정보와 더불어 격려와 지원을 받을 수 있을 것이다. 해당 분야의 권위자와 스승, 친구, 강좌, 모임, 서적, 강연 녹음테이프 등 형태는 실로 다양하다. 게다가 각 형태별로 도움의 활용 방식도 충분하다. 물리적, 영적, 정신적, 심적, 심리적, 기술적 방식 등 수없이 많은 종류의 활용법이 존재한다. 적절한 스승이나 참고 자료 찾고 내면의 감정에 귀 기울여 보자. 무엇보다 자신의 직감을 신뢰하고 마음이 원하는 길을 좇아야 한다. 오늘 옳은 일이 반드시 내일도 옳은 일은 아닐 수 있다. 한동안 자신에게 적합하다고 여겼던 방식이 어느 순간 더 이상 효과를 발휘하지 못할 수도 있기 때문이다.

마법의 정거장

지금쯤이면 공식 제4단계가 현재의 상황을 변화시키는 핵심임을 이해했을 것이다. 끌어당김의 숨겨진 비밀을 깨내는 여정에서는 언제나 네 곳의 정거장을 거치게 된다. 이 여정에 처음 참여하는 사람이라면 각각의 정거장이 낯설 수도 있다. 하지만 멈추지 않고 계속 진행해 나간다면 각 단계와 친숙해질 것이다. 우리는 저마다 개인의 목표를 가지고 마법의 여정 길에 오른다. 따라서 네 곳의 정거장을 특정한 순서에 따라 방문하지 않아도 된다. 어쩌면 자주 중복되기도 할 것이다. 몇 번이고 거듭 거치게 되더라도 안심하라는 뜻이다.

네 곳의 정거장

- 인식의 정거장 : 인식의 정거장에 들어서면 새롭고도 다양한 가능성이 제시되어 있음을 알 수 있다.

- 학습의 정거장 : 학습의 정거장에 들어서면 스승을 찾게 됨은 물론 현재까지의 제한적 믿음을 해체시키게 된다. 또는 기존의 사고방식에 문제점을 파악하고 부정적인 사람들과의 교제를 중단하기도 한다. 새로운 깨달음을 토대로 새로운 믿음 체계를 구축한다.

- 완성의 정거장 : 완성의 정거장에 들어서면 과거의 스승이나 권위자로부터 완전히 독립하여 오직 자신의 힘으로 일어서게 된다. 이 세상에서 자신의 의미를 깨닫는다.

- 표현의 정거장 : 표현의 정거장에 들어서면 나를 다른 사람 앞에 드러내고 진정한 나를 완전히 표현한다.

다음의 8가지 항목은 무한 에너지를 더 강하게 끌어오는데 도움이 되는 마음가짐에 관한 목록이다. 이 자질들을 활용해 보기 바란다. 도중에 방향을 잃었다면, 지금은 어떤 자질이 필요한가? 하고 자신에게 물어보라. 현재 필요한 조취를 파악 할 수 있는 수단이 될 것이다. 이러한 자질은 과정 전체에서 유용하게 적용되며 혼란을 느낄 때마다 다음 단계로 넘어갈 수 있는 디딤돌이 되어줄 것이다.

1 열린 마음 : 열린 마음은 기존의 방어적인 태도를 거둔 완전한 개방상태를 말한다. 결국 새로운 제시에 대한 반응도 커지며 흥미를 더해 줄 것이다.

2 자발적 의사 : 자발적 의사는 어느 것에도 영향 받지 않은 선택을 뜻한다. 선택에 따른 행동을 보다 열정적으로 참여할 수 있도록 만들어 줄 것이다.

3 신념 : 이 여정에 임하다 보면 열정과 탐구라는 새로운 욕구를 얻게 된다. 반면 지금까지의 믿음 체계나 사상을 잠시 포기해야 할 때도 있을 것이다. 신념이란 증거에 의존하지 않는 믿음이다. 따라서 신념은 신뢰이며 놓아주는 것의 반복이 될 것이다.

4 전념 : 전념은 본격적인 행동의 다른 이름이다. 이제 자신의 전부를 쏟아 부을 것이다. 일단 자신의 목표를 파악하고 나면 상황이 어떠하든 행동을 취하며 완수할 때까지 계속해 나아가는 것을 뜻한다. 지금 모든 것이 해결되지 않는다 해도 이 역시 여정의 일부임을 인해하고 신뢰한다.

5 훈련 : 훈련은 앞서 말한 전념과 신념이 포함된다. 이것은 장기적인 삶의 태도의 기준이 될 것이다. 여정에 임하는 동안 특정 단계의 개발과 개선에 도움이 되는 활동과 행동에 집중한다. 보통 훈련의 성과는 시간을 요구한다. 몇 개월 혹은 몇 년의 시간이 소요될 수도 있을 것이다. 만약 훈련이 이뤄지지 않는다면 이 모든 것은 그저 흥미 있는 아이디어로만 남게 될 것이다. 따라서 변화도 없다.

6 용기 : 수잔 제퍼스는 〈도전하라 한 번도 실패하지 않은 것처럼〉 이라는 책을 통해 '두렵지만 일단 해 보는 것' 이라는 개념을 해설했다. 용기를 낸다는 것은 어느 정도의 두려움을 포함하지만 여러 단계의 비밀을 이미 알고 있는 당신에게는 조금 더 수월한 의미의 용기가 될 것이다.

7 정직 : 정직은 내면의 진실한 면을 말한다. 이제 자신에게 정직해야 할 때이다. 자신만이 알고 있는 진실한 모습과 마주 해야 할 것이다.

8 목표 : 목표는 동기를 부여한다. 목표의식을 갖는다는 것은 의미가 파악된 소망을 언제나 마음에 담아 두는 것을 말한다.

5

STEP

내 삶으로 맞이하기

꿈이 이루어졌을 때

마법의 공식 제5단계 '내 삶으로 맞이하기'의 의미는 새로운 생활 방식과 우주에 대한 새로운 관점을 자신의 삶으로 맞이한다는 뜻이다. 지금 우리는 내면의 성공을 목표로 변화를 이끌어낼 수 있는 방법에 대해 논하고 있다. 따라서 제5단계는 내면의 꿈을 토대로 개인적 변화를 받아들이며 양성해 가는 과정일 것이다.

마법의 공식 1, 2, 3, 4단계를 준수했다면 분명 꿈을 이룰 수 있을 것이다. 어쩌면 그 꿈의 모습이 지금껏 그려 왔던 이미지와 다를 수도 있다. 꿈이 변화되었거나 재 정의하게 되었을 수 있기 때문이다. 어쩌면 자신이 상상했던 것보다 더 큰 근원적 에너지를 허용했을지도 모르겠다. 어쨌거나 꿈의 형태와 상관없이 꿈의 본질은 반드시 실현되어야 하고 또 그렇게 될 것이다. 이는 변치 않는 우주의 법칙이다. 다시 한 번 돌아보자.

자신의 의사와 관계없이 끌어당김의 법칙은 항상 적용된다. 이 에너지는 가장 적합한 방법과 최선으로 당신을 이끌 수 있다. 그러기 위해서는 마음속 소망을 반드시 알아내야 한다.

놀라운 사실은 대부분의 사람들이 자신이 바라던 소망이 이뤄진 후에 당연한 듯 대수롭지 않게 여기곤 한다는 사실이다. 그리고는 곧바로 또 다른 대상으로 눈을 돌리기도 한다. 감사를 느끼고 만족감은 건네 뛴 채 말이다. 이유가 뭘까? 꿈이 실현되면 너무나 자연스러운 요소인 양 느끼기 때문이다. 이러한 현상이 잘못되었다는 것은 아니다. 새로운 목표를 설정하는 것은 인간의 본성이자 목표일 것이다. **소유라는 개념은 영혼(내면)의 요청에 응답하는 자연스러운 과정이기 때문이기도 하다.**

이제 이 자연스러운 현상에 더해 감사라는 요소를 더해 볼 것을 권하고 싶다. 실제로 감사는 우리가 품을 수 있는 가장 강력한 실현 에너지 중 하나이기도 하다. 감사하는 방법을 터득하면서 더 많이 소망하고 그 소망을 즐겨나가자. 그리고 실천하기로 마음먹었을 때 멋지고 놀라운 일들이 당신을 기다릴 것이다.

나를 기다리는 변화

만약 지금까지 당신이 무한한 근원에너지 즉 끌어당김의 법칙을 실천해왔고 그로부터 꿈을 이뤘다면 꽤 괜찮은 삶을 살았을 것이다. 그리고 매우 자랑스러운 일이기도 하다. 이제 한발 더 내딛어 보는 것은 어떠한가? 이 한발을 통해 끝없는 성과를 누릴 수 있게 된다면 말이다. 꿈의 성취를 넘어 우리는 이제 변화라는 주제를 논해 보고자 한다. 여기서 변화란 자신을 변화시킨다는 뜻보다는 '나는 누구인가?' 라는 질문에 대한 답을 알아가는 과정을 말한다. 지금까지 부모의 조건이나 사회적 조건, 기대, 그리고 성장환경 등으로부터 완전히 분리된 진정한 자아이다. 지금까지 시야를 가로막았던 제한적 사고에서 벗어나보자. 우리 모두는 무한한 근원 에너지의 일부로서 자신의 본성을 터득함으로 변화를 경험할 수 있다. 많은 사람들이 전 우주적 에너지 법칙을 이용해 꿈을 좇아 소망을 이뤄왔다. 수많은 사례와 과학적인 학문이 뒷받침되며 이 모두는 참임이 증명되어 왔다.

우선 이러한 법칙을 활용한 사람들 대부분은,

- 근거 없는 소망에서 나아가 무한한 에너지에 근거한 신념으로 소망을 설정해 왔다.
- 인간으로서 개인이 가진 한계를 뛰어넘는 힘을 받아들이고 발휘해 왔다.
- 여유와 배려를 경험하고 특정 감정에 대항하며 싸우지 않고 있다.
- 과거나 미래에 연연하지 않고 현재에 보다 충실해졌다.
- 삶의 제한적 믿음은 착각일 뿐이며 오직 의식에 의해 좌우됨을 깨닫고 있다.
- 무언가를 얻는데서 그치지 않을 때 삶은 더 행복해 진다는 사실을 깨닫게 되었다.
- 인생에 숨겨진 의미를 체험하며 감정을 표현하는 휴식을 얻고 있다.

마법의 공식 제5단계에서는 변화의 한 측면으로 우선순위의 변동을 체험하게 될 것이다. 즉, 지금까지 중요하게 생각했던 대상에 변동이 있을 수 있다는 사실이다. 끌어당김 접근법을 이용해 꿈을 좇는 사람들 중 다수는 아래와 같은 이전(Before)과 이후(After)의 현상을 체험하곤 했다.

♣ 이전

원하는 소망이 이뤄지는 것이 최우선이었으며 무한한 에너지와의 관계는 그 소망을 이뤄줄 성취의 수단에 불과했다.

♣ 이후

무한 에너지와 밀접한 관계 구축이 최고의 우선순위로 자리매김했다. 소망은 그 에너지와 더 가까운 관계를 갖는 동안 자연스럽게 일어났다.

내게로, 나로 인해, 나를 통해, 나로서

현대 신학은 영적 성장을 네 단계로 나누어 설명한다. 그중 첫 번째 단계는 '내게로'라는 의식 상태이다. '내게로' 인식 방식에 익숙한 사람은 삶이란 그저 발생하는 일이라고 여긴다. 따라서 소망하는 삶

을 창조해낼 힘이 없다거나 자신의 삶이 상황이나 운명에 좌우된다
고 믿는다. 우주의 법칙을 이해하기 시작하는 시점이 되기도 하지만
모든 일이 '나로 인해' 발생한다는 개념을 토대로 법칙을 이해하게
된다. 자신을 능가하는 힘에 대한 열린 마음이나 신뢰도 조건에 의해
좌우된다. 이 무한한 에너지의 역할도 어렴풋이 이해하지만 여전히
'나'라는 개념을 통해 조정하려는 의식이 더 강하다.

그러나 '나를 통해'라는 의식을 받아들이게 되면 무한한 에너지
의 힘의 소통을 신뢰하게 된다. 자신은 무한한 에너지로부터 안전하
게 보호받고 있다는 사실을 깨닫게 된다. 뿐만 아니라 마음먹은 대로
일이 풀리지 않더라도 자신 앞에 놓인 긍정의 산물에 더욱 집중할 수
있다. 당신은 경외와 감탄의 시선으로 삶을 바라보며 마음먹은 대로
일이 풀리지 않을 때마다 이렇게 생각한다.

'지금 우주가 나를 위해 뭘 계획하는지 궁금한 걸.'

영적 성장의 마지막 단계는 '나로서' 의식 상태다. 이 상태는 몰
입과 깨달음의 경지에 해당한다. 이 수준에 이른 당신은 인생의 보편
성을 받아들인다. 즉 무한한 근원과 하나라는 의식을 품고 생활하게
된다. 우선순위의 뒤바뀜 현상은 새로운 기회의 부여와 연관되어 있
다. 내게로, 나로 인해, 나를 통해, 나로서 인식 단계를 거치면서 자

신의 의식이 보다 고차원적인 상태로 발전해 나아감을 알아차리게 될 것이다. 그런가 하면 자신 앞에 펼쳐진 가능성을 인지하고 현재 처한 상황에 따라 각기 다른 의식 상태 사이를 오갈 수도 있다. '나를 통해' 의식 상태를 발전시키면 근원의 힘에 저항하는 대신 근원을 신뢰한다. 근원은 항상 최선의 길로 당신을 이끌어주고 당신의 삶을 통해 경이로움을 실현 시킨다는 것을 인정하게 된다. 비록 어려운 상황이 닥친다 해도 말이다.

결국 이보 전진 일보 후퇴 혹은 삼보 전진 이보 후퇴 식의 현상과 같다. 이런 방식으로 자신을 계속 발전시켜 나가다 보면 무한 에너지의 수축의 폭도 좁아지고 빈도도 낮아지며 지속 기간도 짧아질 것이다. 이것이 바로 제 4장의 진정한 변화이다!

변화가 찾아오면

우선순위 변화에 더불어 또 다른 변화는 자기 정체성의 발전이 있겠다. '나는 누구인가' 라는 단계에서 '나는 어떤 존재인가' 라는 단계로 관점을 발전시킬 수 있다는 것이다.

어떤 기분이 드는가에 집중하면 '내가 어떤 존재인가' 를 인식하기 수월해 진다. 즉 원하는 모습에 가까워지려고 노력할수록, 어떤 모습으로 평가될까에 연연하던 상태(나는 누구인가?)에서 내면의 내가 어떤 존재인가에 집중하는 상태로 발전하게 된다.

당신은 발전했다. 그리고 이전의 자신보다 더 큰 사람이 되었다. 자연히 예전의 생활 모습은 더 이상 지금과 같은 만족으로 이어지지 못한다. 이제 과거의 패턴으로 돌아가려고 하면 예전 방식이 더 이상 매력적이지 않다는 사실을 깨닫고 말지도 모른다.

이제 발전을 거듭하면서 여러 가지 다양한 감정을 체험할 것이다. 공허와 두려움, 기쁨과 자유, 열정 같이 감정의 모양도 제각각 일 것이다. 하지만 어떤 감정이 밀려오든 당신은 이제 그 감정에 대처할 도구를 손에 쥐고 있다. 감정의 힘 이용하기 기법을 계속 연마해 나가라. 그리고 소망 메커니즘의 안내에 귀 기울이는 것만이 미지의 영역으로 나아갈 수 있는 최선이라는 점을 명심하자. 변화하고 발전해 가는 중에도 소망하는 바를 꾸준히 파악한다면 다음에 거쳐야 할 여정도 그 모습을 드러낼 것이다.

발전을 위해 밟아야 할 다음 단계가 무엇인지 고민하고 있다면 지금 이 순간 자신의 행로를 선택하라. 열정이 느껴지는 일이라면 행로를 선택하는 일도 수월할 것이다. 당신은 열성적으로 성장의 기회를 찾아다닐 것이다.

무엇을 해야 할지 몰라서 마냥 바쁘게 지내는 것은 바람직하지 않다. 가끔 공허함과 지친 마음이 느껴진다면 당당히 그 감정도 신뢰해 주자. 당신의 무의식 단계에서 분명 나름의 변화가 일어나고 있을 테니 말이다. 좀 더 활기차게 행동을 취할 만한 적절한 순간이 오기를 기다리는 것이다.

사실 이런 감정의 순간은 매우 중요한 포인트가 되기도 한다. 내면이 무언가 필요함을 말하고 있는 것이며 다음 단계의 보다 높은 소망을 원하고 있다는 증거일지 모르기 때문이다. 감정은 당신의 현재 상태를 알리므로 수정하고 인도가 필요함을 알리는 신호이다.

개인의 성공을 이루는 길엔 장애물이나 고통, 막다른 길에 맞닥뜨리게 되는 상황이 늘 존재한다. 이 경우 더 이상 나아가지 못하는 나를 발견하게 될 수도 있다. 변화의 여정 다음 단계가 치유라는 논점에서 이어지는 몇 가지 요령을 살펴보자.

책은 분명 훌륭한 지식의 보고이며 배움을 좋아하는 많은 사람들의 지적식량이다. 하지만 책은 이치를 설명하고 분석하므로 그 범위가 어느 정도 제한되어 있다. 물론 문제 해결을 위한 훌륭한 도구임에는 틀림없다. 그러나 감정의 문제 앞에는 감정을 만져줄 지혜를 가진 외적인 도움이 필요하다. 결국 문제에 따른 보다 직접적인 개입을 마련해야 할 일들이 많다. 어느 정도의 불편함과 어색한 과정이 뒤따

르더라도 지금까지와 다른 방법을 시도해 보는 것이 바람직하다. 수 없이 많은 치유 방법이 있겠지만 인식 강화를 위한 도구로는 심리 상담, 에너지 치유, 에너지 심리학, 최면, 신경 언어학 프로그램(NLP)등이 있다.

'학생이 준비되었을 때 스승도 모습을 드러낸다.'

앞서 우리가 살펴보았던 표현 중 하나이다. 이 표현을 다른 해석으로 살펴보면 무한한 에너지는 당신이 소망하게 되었을 때 그 모든 것을 당신에게 선사해 줄 것이란 뜻으로 이해할 수 있을 것 같다. 복잡할 것 없다. 일단 에너지에게 요청하는 것이다. '이봐, 근원. 내가 필요한 걸 좀 보내 줘.' 당신이 치유될 준비를 하고 있으면 적절한 환경과 수단, 밀접한 관계와 사람들이 저절로 따라올 것이다. 우선 직감에 주목하라. 직감에 주의를 기울이는 순간 주변 사물과 현상을 느낄 수 있다.

여정의 동반자

이 여정으로 인해 어쩌면 지금까지의 주변 인물들을 다시 점검하게 될지도 모르겠다. 이전까지 아무 탈 없이 어울렸던 사람들이 내 변화

과정에 도움이 되지 않는다고 여겨질 수도 있겠다. 당신은 빠르게 성장하고 있기에 이제 그들과 공통점을 찾는 것조차 어렵게 느껴질 수도 있다. 어쩌면 이런 일들 때문에 외로움을 느끼게 될지도 모른다. 하지만 다행히 당신의 의식은 앞으로 충분히 팽창하고 발전할 것이다. 오히려 이러한 감정들은 근심만 안겨줄 따름이다.

다시 한 번 강조하지만 감정의 힘을 활용하는 데 소용될 도구를 단련해 둔다는 것은 매우 중요한 일이다.

자기감정을 존중하라. 그리고 효과적이면서도 확실한 방법으로 감정을 표현하고 해방시켜 보자. 그런 다음 내면의 안내에 귀 기울여 보자. 분명 생각과 뜻이 맞는 사람들이 존재하며 당신을 이끌어줄 사람이 있음을 믿어라. 당신이 가진 소망 중 하나가 그런 사람을 찾는 일이라면 지금 진행해 보자. 뜻을 같이하는 사람들을 찾아 나서는 것이다!

제1단계로 돌아가 소망하는 관계를 다시 한 번 그려보자. 그리고 신속히 2단계로 넘어가 이미 소망을 이룬 듯 행동해 보자. 뜻이 맞는 사람들을 얼마나 빨리 끌어당기는지 자신을 관찰해 보자.

이제 내면의 안내에 귀 기울이며 움직인다. 인내가 필요하겠지만 나와 어울리는 사람이 분명 내게로 오고 있다. 그리고 그 사람을 만나게 되었다면 함께 성장해 보자. 그와 함께 즐거움을 나누며 서로를 지탱해 주는 과정이 되어 줄 것이니 말이다.

더 깊은 의미의 배움으로 다가갈 때

예를 들어 청소년들에게 당신이 터득한 무한 에너지를 전파하는 사람이 되고 싶다고 하자. 그것이 분명 원하는 목표이자 소망임을 깨달았다면 우선 이 모든 여정을 이끌 수 있는 이론을 갖춰야 한다. 그러므로 그에 걸 맞는 강좌에 등록해야 할 것이다. 단지 그곳의 사람들과 어울리고 싶다는 마음에서는 절대 시도하지 않길 바란다.

동호회에 가입하자. 이 경우에도 강좌를 등록할 때와 같은 규칙이 적용된다. 당신은 목표가 있다. 그 목표에 맞는 동호회를 찾고 그 곳에 소속된다.

자신만의 취미 동호회를 만들어 보자. 일단 모임을 개설하고 나면 회원도 생길 것이다. 무엇을 추구하는지 모르겠다면 지금 당장 한 가지를 지어내어 보자. 뜻을 같이하는 사람들로 이루어진 동호회를 만드는 데 필요한 것은 a) 모임을 주도하는 사람과 b) 모임에 참석하는 사람이다. 그러니 지금 시작해 보자! 두 사람만 있으면 모임이 이루어진다. 그 다음 이미 소망하는 바를 이룬 듯 행동하자. 정기적으로 모임을 갖고 하고 싶은 활동에 임하라. 추진하는 내용을 다른 사람들과 나눠 보자. 현재 운영되고 있는 모든 동호회가 처음에는 이렇게 시작했다.

더 깊이 있는 학습을 찾아보자. 의식이 발전해 감에 아직도 알아야 할 것들이 너무 많다고 생각할지 모른다. 동기가 어떻든 배움의 행로는 꽤 유익한 과정이다. 이 과정에서도 좋은 스승과 강좌는 존재할 것이다. 자신에게 적합한 대상을 고르면 될 것이다. 배우는 동안 학습을 통해 다양한 내용을 접하면서도 한동안 뚜렷한 계획 없이 줄곧 지식을 받아들이는 데만 치중할 수도 있다. 중요한 것은 옳다고 느껴지는 것에 따르는 것이다. 그러므로 내면의 안내 즉 감정에 귀 기울이고 메시지를 신뢰하자. 당신이 옳은 길로 가고 있을 때는 분명 내면이 알려 준다. 기분이 좋고 흐뭇하며 행복감을 느끼게 하기 때문이다. 반대로 내면 깊숙이 내제되어 있는 소망에 반하는 길에 있다면 그것 역시 알려 줄 것이다. 불쾌함과 불안함 무력감과 고통이라는 신호로 말이다.

Miracle

현재, 지금에 살아야 한다.
지나간 과거에 대한 후회는 아무런 도움이 되지 않는다.
나중에 행복해지는 것이 아니다.
지금 이 순간에 행복해 져야 한다.

- 짐론 -

당신이 원하는
바로 그것을 나누라

"당신의 삶은 당신의 것이므로

누구와 어떻게 시간을 보내든 그것은 당신의 자유다.

하지만 지혜롭지 못한 사람들과 어울리며 사용하기엔

이 생애에 주어진 시간이 너무 짧다."

- 짐론 -

봉사는 아름다운 과정이다. 봉사의 전부는 나눔이다. 봉사는 '나는 ~을 가졌다. 나는 ~하다' 라는 인식에 기초한다.

그것이 무엇이든 가지지 않은 사람은 그 무엇도 나눠줄 수 없지 않은가. 봉사 혹은 나눔을 실천할 때는 '나는 나눌 것이 있어. 나는 나눌 사랑과 시간이 있어. 나는 나눌 재능이 있어.' 라는 풍족함의 에너지를 자연스럽게 발산하고 있는 것이다.

그 의도만 올바르다면 봉사를 통해 많은 변화를 맛 볼 수 있을 것이다. 우선 나눔을 시작하고자 한다면 보답을 바라지 않으며 내가 나누는 그 무엇이든 양과 관련된 것이 아닌 나의 태도임을 기억해야 한다. 테레사 수녀가 '중요한 것은 실천의 규모가 아니라 거기에 더해지는 사랑의 양이다.' 라고 말한 것과 같다.

봉사를 통해 성장할 가능성은 많다. 봉사를 통해 이전에는 알지 못했던 자신의 모습을 발견하게 될 수도 있다. 게다가 아낌없는 나눔은 마음을 열게 하므로 이전에는 미처 몰랐던 방식으로 사랑을 체험하게 한다. 과거 한 번도 사심 없이 나눈 적이 없다거나 하루를 살아가는 일과 의무에만 집중해 왔을지 모른다. 하지만 나눔을 실천하고 진정한 봉사에 참여하다 보면 스트레스를 없애는 치유를 경험하기도 한다. 인식구조는 나눠주면 잃을 것이라고 속삭이지만 정작 내면은 나눠 줄 때 충만감과 축복을 느낀다.

결국 봉사 역시 나를 알아가는 여정의 하나이며 아낌없이 풍요를
느끼는 과정인 것이다.

성 프란치스코(St. Francis)의 기도

주여, 저를 당신이 내린 평화의 도구로 쓰소서.

미움이 있는 곳에 사랑을 뿌리게 하소서.

상처가 있는 곳에 용서를,

불신이 있는 곳에 믿음을,

절망이 있는 곳에 희망을,

어둠이 있는 곳에 빛을, 그리고

슬픔이 있는 곳에 기쁨을 퍼뜨리게 하소서.

오, 신성하신 주여,

위로받기보다 위로하고

이해받기보다 이해하며

사랑받기보다 사랑하게 하소서.

우리는 나눔으로써 받고,

용서함으로써 용서받으며,

죽음으로써 영원히 다시 태어나기 때문입니다.

일찍이 성 프란치스코도 이해한 것처럼, 자유와 완전함, 풍요에 이르는 길은 곧 나눔의 길이다. 돈을 구하면 돈을 나누고, 사랑을 구하면 사랑을 나누라. 교류를 구하면 교류를 먼저 실천하며 건강을 구한다면 먼저 건강을 찾아라. 조화를 구하면 앞장서서 조화를 이루라. 자신의 인생에 무엇이 결여되어 있다면, 그 대상을 먼저 제공하고 권하고 가져와 보라. 의식은 체험할 대상을 만들어낸다. 인식에서부터 인색함을 생각한다면 절대 그것을 얻을 수 없다. 의식이 적의를 품고 있다면 평화는 도래하지 않는다. 부족함에 집중할 때는 풍요를 경험하지 못한다. 의사가 말한 치사율에 온 신경이 가 있다면 건강해질 수 없다. 자신과 다른 사람들의 차이점에 집중하며 자신의 존재를 주변으로부터 분리시키는 와중에 소속감을 느낀다는 것은 불가능하다.

나눔의 대상 물색하기

중요한 것은 기부의 대상이나 내용이 아니다. 핵심은 당신이 나눔을 택했다는 사실과 나눔을 실천하는 방식이다. 교회나 특별 취미 단체 등의 경로를 통해 노인과 어린이, 동물을 돌보는 일에 자원해 보자.

환경 단체나 교육 프로그램, 가난, 기아, 질병, 노숙자를 지원하는 운동에 참여해도 좋다.

나눔을 실천하기에 옳은 장소란 없다. 자신에게 적합한 방식으로 나눔을 실천하면 된다. 무엇보다 우리는 저마다 나눌만한 것을 하나씩 가지고 있다. 주당 80시간 근무하는 회계사 사무실에 근무한다면 노숙자 쉼터에 같은 곳에서는 봉사할 시간은 도저히 없다고 생각할 것이다. 하지만 정작 쉼터 담당자와 이야기해 보면 예산을 관리해줄 만한 누군가가 절실히 필요하다는 사실을 알게 될지 모른다. 정말이지 안성맞춤이 아닌가! 사무실에서도 할 수 있는 일일 것이다. 아니면 당신이 세 아이의 엄마일 수도 있다. 종일 어린아이들을 돌봐야 하기 때문에 학교 자원봉사는 꿈도 꾸지 못한다. 하지만 우연치 않게 모금 위원회에서 전화 홍보를 담당할 학부모를 찾고 있다는 소식을 접하게 될지도 모른다. 얼마나 다행인가. 집에서도 할 수 있는 봉사이니 말이다.

만약 봉사에 참여하고서도 긍정적 결과를 얻지 못해 낙담했다면 지금이야말로 봉사의 의미를 되새길 좋은 기회다. 가끔은 그러한 낙담의 중심에 자아가 자리하고 있는지 살펴볼 필요도 있다. 자아는 인정받고 싶어 한다. 어쨌거나 자아에 대한 이러한 탐구는 성장과 발전의 기회를 제공한다. 때로는 내가 희망하는 봉사의 결과와 주체 측이 추구하는 목적과 다를 수도 있다. 하지만 전체적 상황이나 먼 훗날을 내다보는 대신 주변을 자세히 살펴보는 것은 어떠한가? 누군가의 삶에 작은 도움을 주고 감동을 주었다는 사실을 깨닫게 될 수 있지 않은가!

그대 자신의 진정한 자아를 탐구하라.
다른 누구에게도 의지하지 말고
오직 홀로 스스로의 힘으로 하라.
이 길은 당신만의 길이며 그대 혼자 가야할
고유하나 길임을 기억하라.
비록 다른 사람들과 함께 걸을 수는 있으나
어느 누구도 그 길을 대신 가 줄 수 없음을 기억하라.

- 짐론 -

오 직 단 하 나 의 근 원 - 당 신

"그대 자신의 진정한 자아를 탐구하라.
다른 누구에게도 의지하지 말고 오직 홀로
스스로의 힘으로 하라.
이 길은 당신만의 길이며 그대 혼자 가야할
고유한 길임을 기억하라.
비록 다른 사람들과 함께 걸을 수는 있으나
어느 누구도 그 길을 대신 가 줄 수 없음을 기억하라."

- 짐론 -

오래 전에 이런 말을 들은 적이 있다.

"오직 하나 됨이 있을 뿐이다."

분명 내 귀는 이 말을 들었지만 그게 다였다. 그리고 어느 정도 중요한 말일 것이라 짐작하면서도 그 말의 실제 의미는 전혀 몰랐다. 그 후 시간이 흘렀다. 이제까지 살아오면서도 그 말은 수시로 내 의식을 넘나들었다. 마법의 여정을 거치면서 나는 왠지 대단하게 느껴졌던 그 말과 연관된 많은 말을 들었지만 그다지 와 닿지는 않았던 것 같다. 우리는 모두 서로 연관되어 있다. 다른 사람을 해치면 자신을 해치는 것과 같다. 나눔으로써 받는다와 같은 말들을 좀처럼 이해하기 힘들었었다. 그러던 어느 날이었다. 내 영혼 즉 내면이 이 말을 이해하기 시작하더니 점차 모든 것이 구슬처럼 연결되기 시작했다.

이제 이 책의 맨 처음에 있던 글, 그 의미가 분명하게 다가왔다.

당신이 바다 위로 떨어진 물방울이라고 가정하자. 당신은 물방울에 지나지 않지만, 당신은 바다와 동일한 물질로 이루어져 있다. 따라서 당신과 바다에 속한 나머지 물방울들은 서로 분리되지 않는다. 당신은 다른 물방울들과 한데 어우러져 바다를 이룬다. 한편 당신은 자유 의지를 품고 있다. 따라서 원하는 대로 행하고 새로운 경험을 창조하며 형태에 변화시키고 다양한 실체를 넘나든다.

당신은 때로 바다 속에 어우러지고, 어떤 때는 형태를 바꿔 대기 중으로 증발하여 공기와 구름층을 탐험하고 싶어진다. 아니면 땅에 떨어지는 빗방울이나 눈송이가 되어 보기도 한다. 그러다가 수없이 많은 친구 물방울들과 한데 어울려 한동안 바다 너머 강이 될 때도 있다. 식수가 되어 동식물이나 인체에 머물거나 화장수나 혈액, 땀, 소변이 되기도 한다. 하수 처리 시스템의 용수였다가 다시 바다로 돌아가고 싶어질 가능성도 없지 않다.

당신이 물방울로서 어떠한 선택을 내리든, 그리고 무엇을 체험하게 되든 상관없이 다음의 몇 가지 사항은 결코 변하지 않는다.

1. 당신은 절대 바다와 분리되지 않는다. 가끔 당신은 자신이 바다의 일부라는 사실을 잊는다. 하지만 당신은 여전히 바다와 하나로, 바다와 동일한 물질로 이루어져 있다. 따라서 당신의 본질은 결코 바뀌지 않는다. 다만 스스로 내린 선택을 통해 접하는 경험에 따라 자신의 새로운 면모를 체험할 뿐이다.

2. 당신은 전체의 일부이므로, 하나의 물방울로서 모든 상황에 영향을 미친다. 경험에 좋고 나쁨이란 없으며, 단지 각기 다른 경험이 될 수는 있다. 바다의 형태가 변하더라도 본질은 영원히 지속된다. 우리 모두는 바다의 일부다.

즉 당신은 바다와 하나다.

이 모든 내용은 인생과 근원, 만물과 당신의 관계를 보여준다. 물방울은 당신이고 바다는 만물이다. 당신의 의식은 자신만의 현실을 빚어내기도 하지만, 한 집단의 상황에도 영향을 준다. 이 말은 당신이 그만큼 강력하다는 의미인 동시에 그 누구의 혹은 그 무엇의 희생자도 아니라는 뜻이다. 의식이 주변에 영향을 미친다는 의미, 즉 꿈을 좇는 과정에서 다른 사람들에게도 도움을 줄 수 있다. 감정은 전염성이 있어서 주변에까지 영향을 미치기 때문이다. 단 하나의 근원만이 존재하며 당신 역시 그 전체의 일부이므로, 근원으로부터 분리되지 않는다는 개념을 이해하는가?

단 하나뿐인 이 근원의 본질이 전지전능함은 물론 무한한 선과 사랑, 완벽, 끝없음이므로 부족함이란 존재하지 않는다는 개념도 이해하는가?

당신과 이 근원은 별개일 수 없다는 개념마저 이해하는가?

그렇다면 바라는 모든 것이 이미 존재하며, 내가 근원과 하나라는 사실을 깨달은 셈이다.

이것이 바로 꿈을 소망하고 추구하며 실현시킬 수 있도록 하는 변화의 힘이자 소망 매커니즘이다. 이러한 힘은 자신을 행복하게 만드는 일(꿈)을 추구하는 과정에 녹아 있다. 따라서 행복의 근원이 외형적 꿈의 성취가 아닌 근원 그 자체에 있음을 자연스럽게 터득하게 되었을 것이다. 당신이 행하는 일은 이미 이루어져 있다. 그리고 당신과 소망 사이에 더 이상 단절이란 없다. 당신은 이제 막 집으로 돌아왔다. 이제껏 바라던 모든 것은 이곳에서 줄곧 나를 기다리고 있었다.

"우리는 탐구를 멈추어서는 안 된다.
모든 탐구의 끝은 우리가 시작한 곳에 도달하는 것이며,
또한 처음의 그 장소를 새롭게 인식하는 것이다."

- 짐론 -

어떤가? 이 책을 읽어나가는 긴 여정 속에서 다시 물방울 이야기로 되돌아 왔다. 그러나 물방울을 느끼는 그 느낌이 처음과 다르지 않는가? 그렇다면, 축하한다!
이제 당신에게 잠들었던 깊은 영혼이 비로소 깨어난 것이다.

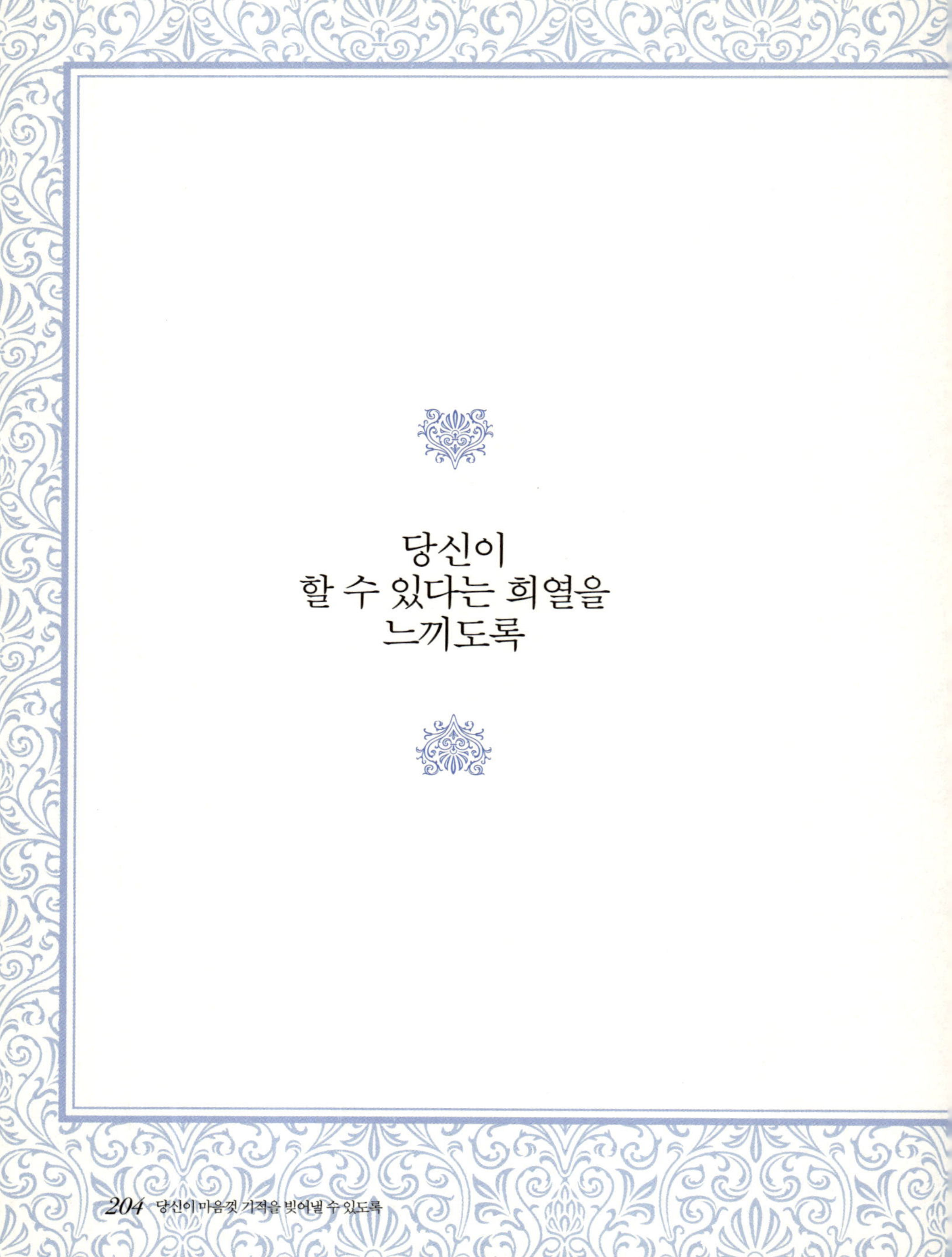
당신이
할 수 있다는 희열을
느끼도록

이제 결정의 순간이 왔다. 지금까지 터득한 내용을 바탕으로 나름의 행동에 착수할 것인가? 아니면 그냥 이렇게 책을 덮고 전처럼 머릿속 논리에 따라 생활할 것인가?

머리로 생각하는 것 자체를 비판하지는 않는다. 한때 내 별명도 사상가였다는 건 천하가 안다. 하지만 결론은 이렇다. 집중과 행동, 위험 감수가 없는 사고는 아무런 변화도 가져오지 못한다. 지금 이 순간에도 정확히 무얼 해야 할지 몰라 쩔쩔매고 있는가? 아마 당신은 한 번도 무언가를 적극적으로 한 적이 없을 수도 있다. 인생의 방향을 잡지 못했을 수도, 책의 내용이 너무 방대해 어디서 어떻게 시작해야 할지 모를 가능성도 없지 않다. 아니면 제한적 믿음 때문에 좀처럼 삶을 변화시킬 수 없는지도 모른다. 당신이 어떤 경우에 해당하든 상관없다. 우선 이 결정적 순간을 잘 헤쳐 나갈 수 있도록 몇 가지를 제안하려고 한다.

눈앞의 값진 기회를 잘 이용하려면

1. 목차로 돌아가거나 책의 내용을 훑어본 다음 느낌이 좋은 내용 한 가지를 선택하자.
2. 그 좋은 느낌이 잠잠해질 때까지 그 내용을 실천하자.
3. 느낌이 좋은 내용을 또 하나 선택하자.

4. 그리고 그 좋은 느낌이 잠잠해질 때까지 그 내용을 실천하자.

좋은 느낌을 좇으면 끌어당김의 법칙이 작용한다. 그러면 느낌이 좋은 것들을 계속 끌어당길 수 있다. 물론 기분이 나빠질 때도 있을 것이다. 하지만 이제 당신은 a) 필요한 도구가 무엇인지 이미 알아 두었기 때문에 성공을 실현 시킬 수 있다. b) 나쁜 기분에는 두 가지 종류가 있다. 하나는 성장함으로 인해 느끼는 건설적 고통이고 또 하나는 저항하기 때문에 느끼는 건설적이지 못한 고통이다.

당신의 다음 행보에 도움이 될 만한 자료는 아주 많다. 마법의 공식을 통해 구체적 꿈을 실체화시키는 법에 대해 더 자세히 알고 싶다면, www.successforthesoul.com에서 많은 자료를 접할 수 있다.

아니면 이어지는 참고 자료 부분의 내용을 검토해 봐도 좋다. 이 부분에는 관련 자료의 목록과 주석이 함께 소개되어 있다. 각 자료가 어떤 내용에 관한 것인지 확인할 수 있을 것이다.

아브라함 힉스는 말했다.
'끝이란 없다. 그리고 틀린 방식이란 것도 없다.'
기억하라!
'할 수 있는 걸 하라.'

참고 문헌 및 추천 자료

개인적으로 애착이 가는 자료를 선별하여 다음과 같이 추려 보았다. 여러분에게도 도움이 되길 바란다!

[책 & 오디오]

• 아브라함-힉스 *Abraham-Hicks* •

에스더 힉스(Esther Hicks)는 초자연적 신비주의 단체인 아브라함(Abraham) 주의에 크게 이끌려 아브라함-힉스라는 필명으로 여러 권의 책을 발표했다. 아브라함-힉스의 저서는 에너지로 가득한 우주의 더불어 우리가 각자의 현실을 창조하는 원리에 대해 자세히 다루고 있다. www.abraham-hicks.com 혹은 아래의 책들을 참고해볼 만하다.

《끌어당김의 법칙(The Law of Attraction)》
《구하라, 주어질 것이다(Ask and It Is Given)》
《의지의 힘(The Amazing Power of Deliberate Intent)》

• 바바라 드 안젤리스 박사 *Barbara DeAngelis* •

《당신이 나를 위한 바로 그 사람인가요?- 내게 맞는 짝 알아보기(Are You the One for Me? Knowing Who's Right and Avoiding Who's Wrong)》- 이 책은 이성 관계 속의 성공적인 패턴과 그렇지 못한 패턴에 대한 이해를 높인다. 더불어 적합한 배우자를 효과적으로 선택할 수 있도록 안내한다.

• 캐롤 더리 *Carole Dore* •

더리는 우리를 좌절에 빠뜨리는 형이상학 분야의 오해를 파헤친다. 심상에 관한 그녀의

이해와 가르침은 심오하면서도 매우 효과적이다.

〈심상 - 마음의 힘! (Visualiza9tion - The Power of Your Heart!)〉 - 이 오디오 패키지는 심상의 실제화를 재미있고도 인상 깊은 방식으로 설명한다.

《부자 되기 응급 지침서(The Emergency Handbook for Getting Money Fast)》 - 당신의 삶에 부를 가져다 줄 각종 도구와 기법으로 가득한 자료

〈부의 강화를 위한 워크숍(The Intensified Prosperity Workshop)〉 - 금전 문제에서 벗어나 부에 관한 의식을 고양하고 싶다면 이 오디오 패키지가 제격이다!

〈파워비전 명상 오디오(The PowerVision Contemplation Audios)〉 - 이 오디오를 자주 들으면 바라지 않는 대상에 쏠려 있던 창조적 에너지를 바라는 대상 쪽으로 전환시킬 수 있다. 의식 전환에 유용한 자료.

• 웨인 다이어 박사 *Wayne Dyer* •

《의도의 힘: 현실 창조에 참여하는 법(The Power of Intention: Learning to Co-Create Your World)》 - 의식을 활용하여 우주를 움직이는 법에 관해 쉽게 풀어 설명한 자료.

• 마사루 에모토 *Masaru Emoto* •

《물의 숨은 메시지(The Hidden Message in Water)》 - 생각이 물리적 현실에 미치는 영향에 관한 놀라운 연구 결과를 소개한다.

• 네빌 고다드 *Neville Goddard* •

네빌이 전성기를 누린 지 50년이 지났지만, 그의 형이상학적 가르침은 여전히 새롭게 다가온다. 여기에 소개된 책들은 실체화와 신에 관한 당신의 의식을 바꿔놓을 것이다.

《믿음은 당신의 내일(Your Faith is Your Fortune)》 - 성경에 관한 형이상학적 해석

《상상력 일깨우기(Awakened Imagination)》 - 현실을 창조하는 상상력의 힘에 대한 고찰

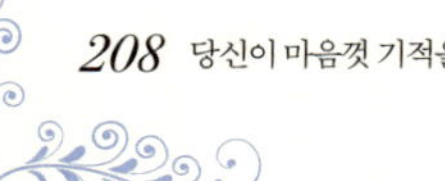

《법칙과 약속(Law and the Promise)》- 심상의 힘을 통해 놀라운 일들을 실체화시키는 평범한 사람들에 관한 사례 연구

《인식의 힘(Power of Awareness)》- 나만의 현실을 창조하는 힘에 관한 심도 있는 고찰

• 허브 골드버그 박사 *Herb Goldberg* •

《남성 심리(What Men Really Want)》- 만족스러운 관계 구축을 희망하는 여성이라면 우선 남성과 여성의 차이를 이해, 수용 및 존중해야 한다. 이 책은 해당 내용을 깊이 파헤친다.

• 루이스 헤이 *Louise Hay* •

다년간 베스트셀러 작가로 활동한 루이스 헤이는 생각과 감정이 신체 건강에 미치는 영향과 관련하여 인상 깊은 내용을 소개한다. 그녀의 안내에 따라 치유의 힘을 가동시켜 보자.

《인생 치유법(You Can Heal Your Life)》- 신체와 마음의 명백한 연결고리에 관한 고찰

《자기 사랑과 인생 치유를 위한 워크북(Love Yourself, Heal Your Life Workbook)》-《인생 치유법(You Can Heal Your Life)》에 소개된 각종 실천 도구와 관련된 활용서

• 하빌 헨드릭스 박사 *Harville Hendrix* •

《관계 만들어 나가기 - 부부 가이드북(Getting the Love You Want - A Guide for Couples)》- 부부 사이 문제점을 뿌리부터 분석해 나가는 대단히 효과적인 자료. 까다로운 주제를 다루고 있지만 쉽게 따라갈 수 있도록 구성되었다.

• 엘렌 크레이드먼 박사 *Ellen Kreidman* •

《싱글 탈출 - 완벽한 배우자 만나기(Single No More - How to Find Your Perfect Mate)》- 이상적 관계를 꿈꾸는 여성들을 위한 책

• 로버트 키요사키 *Robert Kiyosaki* •

키요사키는 월급쟁이로서 일상에 갇힌('쥐 경주'에 비유) 현대인들의 부에 관한 패러다임을 바꿔 놓는다. 이 책은 당신의 재정 상태를 확장시키는 데 필요한 변화의 단계를 구체적으로 제시하고 있다.

《부자 아빠 가난한 아빠: 사람들이 모르는 부유층의 자녀 교육법(Rich Dad, Poor Dad: What the Rich Teach Their Kids About Money That the Poor and Middle Class Do Not!)》 - 이 책은 돈에 관한 기본자세를 재미있는 비유를 들어 설명한다. 부에 관한 의식을 확대시키는 데 익숙하지 않다면, 바로 이 책이 자극제가 될 것이다!

《부자 아빠 가난한 아빠2(The Cash Flow Quadrant)》 - 이 책은 직장인, 자영업 종사자, 투자가, 경영인의 사고방식과 태도를 다룬다. 차이를 알면 자신의 재정 상태에도 변화를 줄 수 있다.

《부자 아빠의 투자 가이드: 사람들이 모르는 부유층의 투자법(Rich Dad's Guide to Investing: What the Rich Invest in that the Poor and Middle Class Do Not!)》 - 이전의 두 책에서 다룬 내용을 좀 더 깊이 있게 분석했다. 이 책을 통해 부에 관한 인식을 꾸준히 넓혀나갈 수 있을 것이다.

• 브루스 립톤 박사 *Bruce Lipton* •

《믿음의 생물학: 의식과 물질, 기적의 힘(The Biology of Belief: Unleashing the Power of Consciousness, Matter and Miracles)》 - 세포 생물학자 립톤 박사는 생각이 신체 세포에 영향을 미치는 방식에 관해 과학적 설명을 제시한다.

• 필 맥그로우 *Phil McGraw* •

《관계 구출하기(Relationship Rescue)》 - 도움이 필요한 관계 속에 있건 이상적 관계를 모색하는 상태이건 이 책이 제시하는 실질적 기법을 통해 더 나은 관계에 도달할 수 있다. 시도해 볼 의사만 있다면!

• 린 맥타가트 *Lynne McTaggart* •

《더 필드: 불가사의한 우주의 힘에 관한 탐구(The Field: The Quest for the Secret Force of the Universe)》 - 근원 에너지와 의식에 관해 보다 자세히 탐구해 보려는 사람들에게 안성맞춤인 책이다. 맥타가트는 최근에 발표된 과학적 연구 결과를 토대로 통합 에너지 구조와 0점 장(Zero Point Field)에 대해 설명한다. 탐사보도 저널리스트로도 활동한 그녀는 생물학에서부터 천체 물리학, 의학, 초자연적 분야에 이르기까지 상호 연관된 다양한 주제를 분명하고 쉽게 조명한다.

• 캐롤린 미스 *Carolyn Myss* •

《영혼의 해부(Anatomy of the Spirit)》 - 신체와 정신, 감정, 영혼 등 각기 다른 부문의 상호작용에 관한 효율적 안내서

• 마이클 뉴턴 박사 *Michael Newton* •

《영혼들의 여행: 인생 사례 연구(Journey of Souls: Case Studies of Life Between Lives)》 - 30년간 최면 요법 회귀 모델을 연구해 온 결과 탄생한 책. 영적 관점에서 신비로운 인생 이야기를 풀어내고 있다.

• 캐롤 에머리 노르만디 & 로렐리 로아크 *Carol Emery Normandi, Laurelee Roark* •

저자들은 희망과 지혜, 열정을 토대로 식품과 신체에 관한 실질적 문제를 조명한다.
《음식 탓은 그만: 마음과 일상의 변화를 통해 식이요법과 체중관리에서 자유로워지는 법(It's Not About Food: Change Your Mind; Change Your Life; End Your Obsession with Food and Weight)》 - 다이어트와 체중 관리에서 탈피한 삶에 이르는 길을 제시한다.

• 제임스 오슈만 *James Oschman* •

《에너지 의학: 그 과학적 근거(Energy Medicine: The Scientific Basis)》 - 생물 물리학과 생물학 부문의 저명한 과학자이기도 한 저자는 모든 요법에서 관찰되는 에너지 교환에 대해 설명한다.

• 캔데이스 퍼트 박사 *Candace Pert* •

《감정의 분자: 심신의학 이면의 과학(Molecules of Emotions: The Science Behind Mind-Body Medicine)》 - 연구 교수로 재직 중인 퍼트 박사는 감정과 관련하여 생체분자학적 이론을 펼친다. 심리 상태가 신체 건강을 좌우하는 원리에 대해 확인할 수 있다.

• 존 랜돌프 프라이스 *John Randolph Price* •

《풍요의 책(The Abundance Book)》 - 부의 근원과 의식 관리를 통해 부에 이르는 법을 설명한다. 40일 체험 프로그램이 포함되어 있다.

《초월적 존재(Superbeing)》 - 무한한 힘을 활용하는 인간에 관한 내용이다. 이 책은 제한에서 벗어나 지극한 행복에 이르는 길을 설명한다.

• 데이브 람지 *Dave Ramsey* •

데이브 람지는 당신의 재정 상태가 제 궤도에 자리할 수 있도록 도와주는 다양한 책을 펴냈다. 람지는 각자의 재정 상황을 탄탄히 함은 물론 그 비법을 자녀들에게까지 물려줄 수 있는 요령을 가르쳐 준다.

《머니 메이크오버: 당신의 재정 안정을 위해(The Total Money Makeover: A Proven Plan for the Financial Fitness)》 - 채무에서 벗어나 부유해지기 위한 구체적 계획과 영감이 필요하다면 이 책이 제격이다.

《경제 안정의 시대(Financial Peace Revisited)》 - 탄탄한 재정 구축을 위한 안내서

《어린이 경제 - 내 아이 경제 감각 키우기(Financial Peace Jr. - Teaching Kids About Money)》
- 아이의 건강한 경제 관리 습관 구축을 위한 실용서. 3-12세 아동에게 적용 가능하다.

• 지닌 로스 *Geneen Roth* •

《이모셔널 다이어트(Breaking Free from Emotional Eating)》 - 다이어트와 충동적 식습관에 질렸는가? 그 모든 것으로부터 벗어날 수 있는 요령이 담겨 있다.
《정말 몸무게일까? 충동적 식습관을 멈출 수 있는 방법 안내서 (Why Weight? A Guide to Ending Compulsive Eating)》 - 해방의 또 다른 의미를 제시하는 책. 효과적이면서도 참신한 방법들을 소개한다.

• 마이클 탤벗 *Michael Talbot* •

《홀로그램 우주 (Holographic Universe)》 - 에너지 치유와 과학적으로 설명할 수 없는 현상을 믿지 않는 사람들이라면, 이 책이 시각의 전환을 도울 것이다. 저명한 과학자들이 신비로운 현상을 설명한다. 양자 물리학을 처음 접하는 사람들에게도 권할 만한 책이다.

• 닐 도널드 월치 *Neal Donald Walsch* •

종교와 영성의 상충을 경험해 보았는가? 월치는 우리가 자신의 진실에 도달하고 마음이 느낀 바를 알아차릴 수 있도록 훌륭한 기회의 다리를 놓는다.
《신과의 대화: 그 흔치 않은 기회(제I권)(Conversation with God: An Uncommon Dialogue(Book I))》 - 무한한 존재와의 관계를 설명하는 책
《신과의 대화: 그 흔치 않은 기회(제II권)(Conversation with God: An Uncommon Dialogue(Book II))》 - 정치, 경제, 교육 등 다양한 분야에서 영적 법칙을 표출하는 법에 대해 설명하는 책
《신과의 대화: 그 흔치 않은 기회(제III권)(Conversation with God: An Uncommon

Dialogue(Book III))》 - 우주의 작용 원리에 대해 설명하는 책

《신의 품에: 영원한 삶(Home With God: In a Life That Never Ends)》 - 삶과 죽음에 대한 질문을 풀어나가는 책

[단체 & 웹사이트]

• 종합 에너지 심리학회 *ACEP* •

치유와 개인의식 변화에 에너지가 합리적으로 작용함을 입증하는 단체. www.energypsych.org는 회원 디렉토리로 정신 의학 분야 전문가들의 에너지 심리학 자료, 서적, 강좌, 기사 등을 참고할 수 있다.

• 마음의 과학 *Science of Mind* •

마음의 과학은 생각의 법칙과 삶을 연구한다. 우리가 영적 우주에서 살고 있으며 신은 우리 자신 안에서, 우리를 통해, 우리 주변에 존재한다는 개념을 중심으로 한다.' - 어니스트 홈스(Ernest Holmes) - www.religiousscience.org

• 싯다 요가 *Siddha Yoga* •

'싯다 요가는 지도와 훈련을 통해 정신과 감각을 마스터하는 영적 탐구 과정이다. 또 그 과정에는 기품도 깃들어 있다. 명상 전문가와 Gurumayi Chidvilasananda가 싯다 요가를 지도한다. 싯다 요가의 영적 지주인 Gurumayi는 내 안의 나를 인식하여 나뿐만 아니라 내 주변까지 변화시키도록 가르친다.' - 웹사이트 발췌 내용 - www.siddhayoga.org

• 유니티 *Unity* •

유니티는 1889년 찰스-머틀 필모어 부부가 미주리 주 캔자스 시에 설립했다. 필모어 부인이 기도와 자기긍정을 통해 놀라운 치유법을 행하자 주변의 많은 지인들이 치유의 원리에 대해 궁금증을 품기 시작했다. 소규모 기도 그룹에서 시작된 유니티는 오늘날 전 세계

적 단체로 발전했다.' - 유니티 웹사이트 - *www.unityonline.org*

[에너지 치유 관련 웹사이트]

* 다이나믹 에너지 치료 *DEH* •

  www.onedynamicenergetichealing.org

  www.dynamicenergetichealing.com

* 감정에서 자유로워지는 기술 *EFT* •

  www.emofree.com

* 패턴의 재정립 •

  www.resonancerepatterning.net/content

[영화]

* 〈시크릿(The Secret)〉: 론다 번 저. 이 DVD는 끌어당김의 법칙을 소개하고 그 힘을 이용해 원하는 삶을 창조하는 법에 대해 설명한다.
* 〈양자 물리학의 이해(What the Bleep Do We Know!?)〉: 말리 매틀린(Marlee Matlin)이 주연을 맡은 이 독특한 영화는 내레이션과 다큐멘터리가 혼합된 형식으로, 우주의 원리를 재밌고도 유익하게 설명한다. 현실 창조의 원리에 대해 한 번이라도 궁금증을 품어 본 사람이라면 반드시 봐야 할 영화다.

당신이 마음껏
기적을
빚어낼 수 있도록

초판 1쇄 인쇄 _ 2013. 01. 05
초판 1쇄 발행 _ 2013. 01. 20

지은이 _ 소냐 밀러 Sonia Miller
옮긴이 _ 이민정

펴낸이 _ 김병은
기획 편집 _ 서진
펴낸곳 _ 프롬북스

등록번호 _ 제 313-2007-000021호
등록일자 _ 2007. 2. 1.

주소 _ 경기도 고양시 일산동구 장항동 867 웨스턴타워 717호
문의 _ 031-931-5990
팩스 _ 031-931-5992
전자우편 _ edit@frombooks.co.kr

ISBN : 978-89-93734-26-3 13320
정가   14,000원

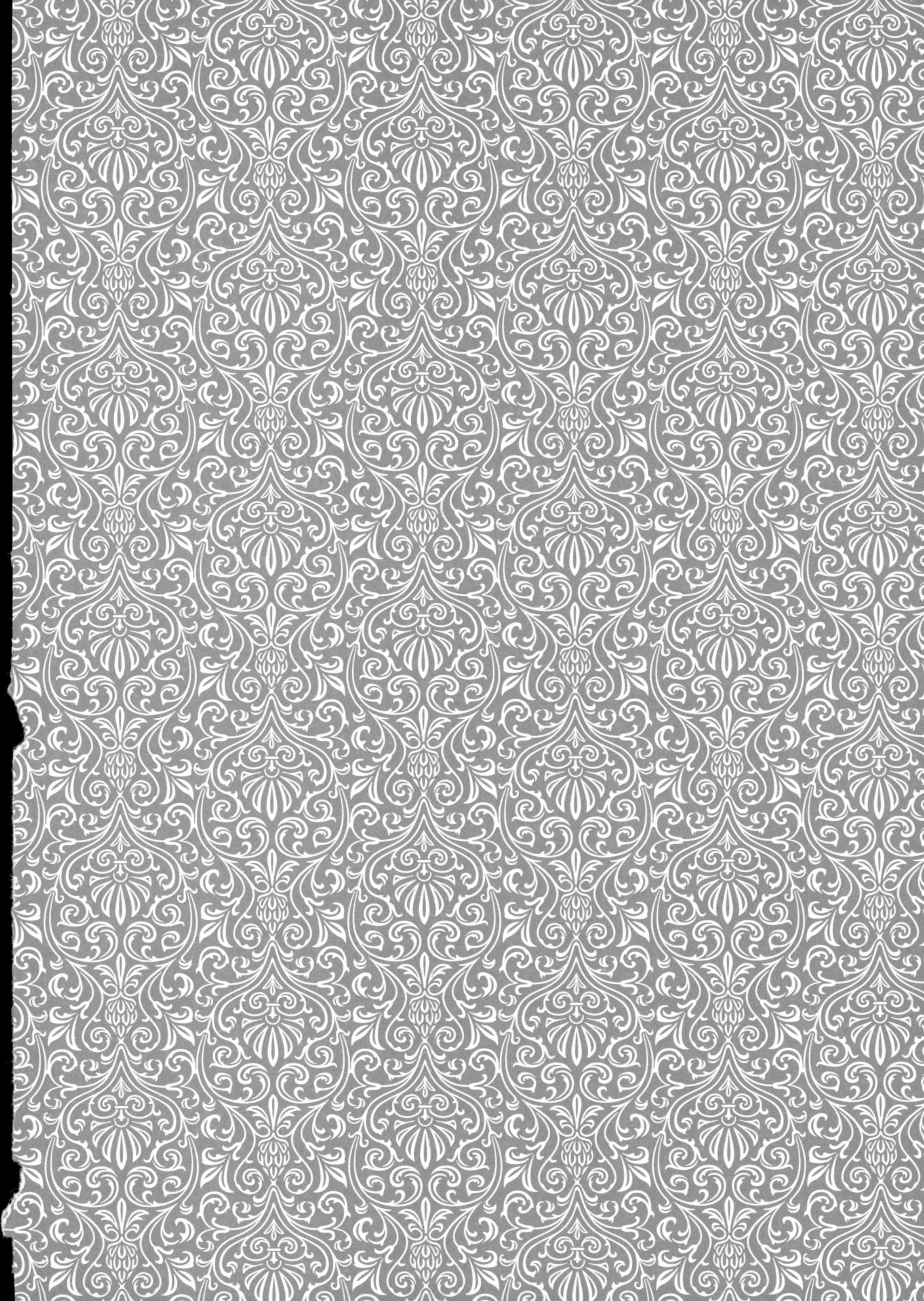

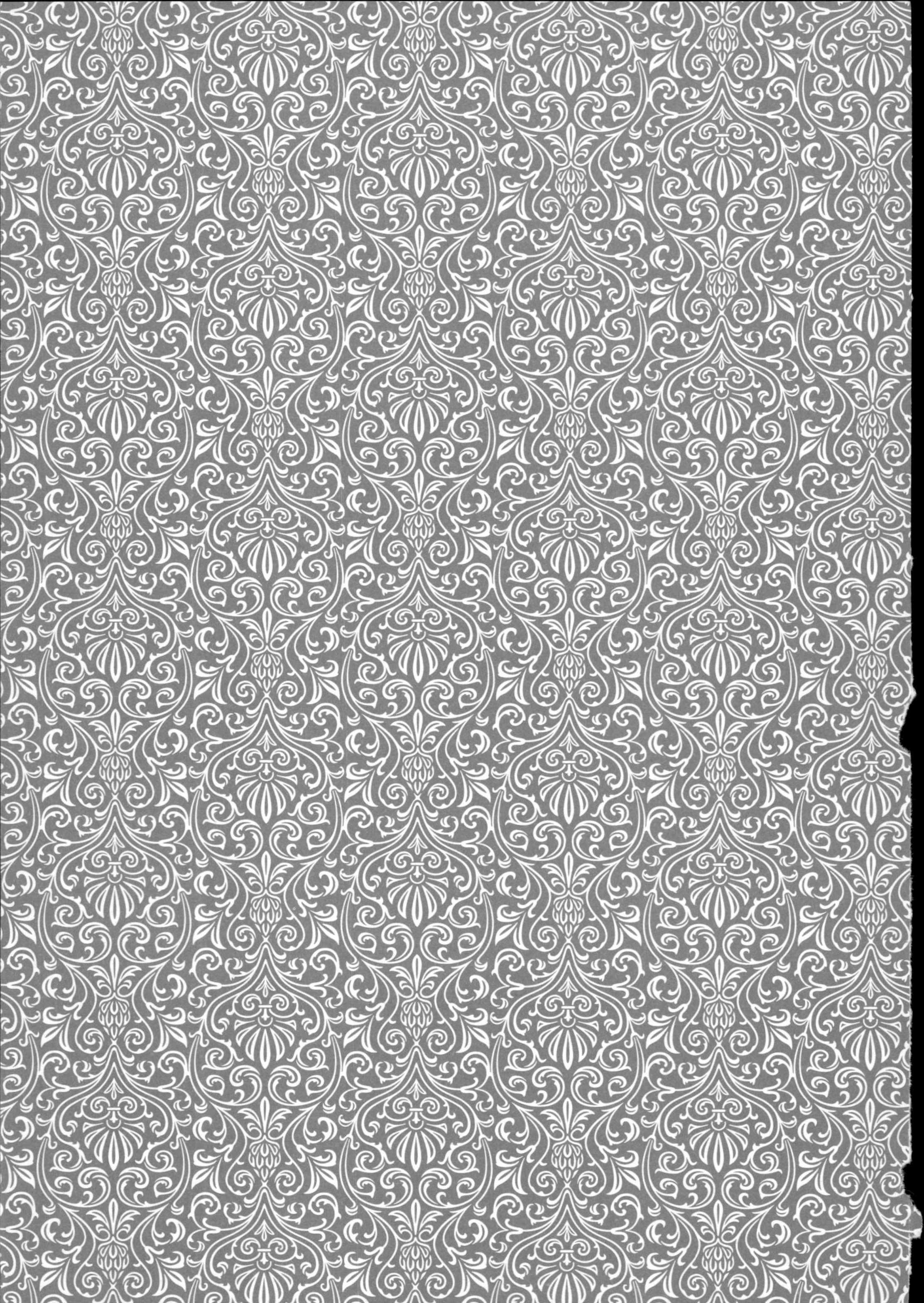